Acupuntura Odontológica

Uma Técnica Contra a Dor
(Incluindo feromônios, hipnose e equilíbrio sexual)

R484 a   Ribeiro, Darwin Caldeira.
           Acupuntura odontológica: uma técnica contra a dor (incluindo feromônios, hipnose e equilíbrio sexual) / Darwin Caldeira Ribeiro. – 2ª edição atualizada e revisada. – São Paulo: Ícone, 2012.

         ISBN 85-274-0660-8
         ISBN 978-85-274-0660-4

         1. Acupuntura. I. Título.

                                                                          CDU 615.814.1

Catalogação na publicação: Samile Andréa de Souza Vanz CRB 10/1398

Darwin Caldeira Ribeiro

Acupuntura Odontológica

Uma Técnica Contra a Dor
(Incluindo feromônios, hipnose e equilíbrio sexual)

2ª edição atualizada e revisada
2012

© Copyright 2012.
Ícone Editora Ltda.

Capa
Isabel Reis Guimarães
Richard Veiga

Revisão
Marcus Macsoda Facciollo

Diagramação
Nelson Mengue Surian
Isabel Reis Guimarães

Ilustração
Lettera Stúdio

Editoração
Richard Veiga

Proibida a reprodução total ou parcial desta obra,
de qualquer forma ou meio eletrônico, mecânico,
inclusive por meio de processos xerográficos,
sem permissão expressa do editor
(Lei nº 9.610/98).

Todos os direitos reservados à:
ÍCONE EDITORA LTDA.
Rua Anhanguera, 56 – Barra Funda
CEP: 01135-000 – São Paulo/SP
Fone/Fax.: (11) 3392-7771
www.iconeeditora.com.br
iconevendas@iconeeditora.com.br

Nota sobre o autor

Darwin Caldeira Ribeiro

- Cirurgião-dentista
- Habilitado em Acupuntura
- Diretor da Associação Brasileira de Acupuntura
- Professor do curso de Analgesia por Acupuntura em Lyon, França
- Professor e Coordenador dos cursos de Acupuntura na ACDC – Associação dos Cirurgiões Dentistas de Campinas

2012 by Darwin Caldeira Ribeiro, C. D.
Rua Teodoro Sampaio, 1441 – conjuntos 11 e 12 (Pinheiros)
Tel.: (11) 3085-0376 / 3062-7626 / 9945-6451

Agradecimentos

Agradeço a Deus.

Preciso agradecer a todos aqueles que, de uma de forma ou outra, colaboraram, direta ou indiretamente, tornando possível a realização desta obra, principalmente aos meus pais, Ubirajara Ribeiro e Alvina Caldeira Ribeiro, aos meus filhos Guilherme, Alexandra, Renata e Darwin Veiga Ribeiro, à minha esposa, Marinalva Marques Seles, e aos meus pacientes que me estimularam e permitiram que eu desenvolvesse este trabalho.

Agradeço:

Dra. Maria Alice T. Cury

Dra. Maria Angelica Mardirosian

Dr. Luis Antonio Miachon

Dra. Maria Luiza Lamac

Dr. Joelis Pupo

Dr. Francisco Carlos Seguro

Dr. Mauricio Cestari

Simão Oksman

Edson Ricardo Alves Apparecido e Alexandre Alves Apparecido

Dr. Juarez Tardivo

Dr. Marcio Augusto Rabelo Nahuz, Profª Sandra Mengato

Dra. Maria Thereza Labriola

Maria Helena F. Bonfim

Daniel Rodrigues Souza

Dra. Roberta L. Santanieri

Dr. Heraldo e Família

Sra. Aurora e Sr. Joel

Sr. Marcos Lucio e Família

Maribel Rei

José Carlos Alexandre

Marina Possati

Rosaura Immperatriz de Alburquerque Salles

Dr. Lívio Euler

Luiz Aires de Oliveira

Aurora Enokibara Aranha

Ao meu Profº de Acupuntura Dr. Evaldo Martins Leite

Ao fotógrafo Silvestre Silva

Je present mês remerciments au professeur Dr. Raphaël Nogier pour l'amitie compétence et l'orientation de ce livre.

São Paulo, Janeiro de 2012.

DARWIN

Índice

Prefácio, 11
Introdução, 15

Capítulo 1: A acupuntura geral: como funciona
1. Acupuntura: definição, moxa, medicina chinesa, DO-INN, 17
2. Equipamento utilizado: agulhas, disparador, toposcópio, aparelhos elétricos e martelo, 17
3. Pontos e meridianos mais usados na medicina natural, 18
4. Elementos para diagnóstico: pulso chinês, anamnese, terapia constitucional, 44
5. Teoria dos cinco elementos, 45
6. Pontos de comando de energia, 47
7. Indicações e contra-indicações, 47

Capítulo 2: Acupuntura: uma ciência da modernidade
1. Histologia dos pontos, 49
2. Pontos de acupuntura: localização e funções, 49
3. Características dos pontos: liberação das endorfinas e ação à distância, 49

Capítulo 3: Processo técnico de integração
1. Integração odonto-médica, 51
2. Acupuntura: suas aplicações nos pacientes especiais, 51
3. Quando os pacientes nos procuram? Não existe acupuntura somente local, 51

Capítulo 4: Analgesia por acupuntura: uma realidade científica
1. Auricular ou sistêmica, 53
2. Hipnose, 53
3. Crianças:
a) Agulhas mais curtas, 53
b) *Iron alligator*, 53
4. Analgesia em medicina natural: uma realidade
a) Em cirurgia plástica, 54
b) Em cirurgia experimental nos casos de pulmão (com Dr. Hernani de Pina, médico anestesista), 54
5. Primeira referência de analgesia por acupuntura, 54
6. Pontos de tonificação e dispersão em função da analgesia, 54
7. A acupuntura e a dor, 54
8. Teorias sobre analgesia, 55
9. Vantagens, 55
10. Desvantagens, 56

Capítulo 5: A eletricidade e a dor: frequência ideal
1. A eletricidade e a dor, 57

Capítulo 6: Técnica propriamente dita
1. *Tchi*, 59
2. Teste positivo, 59
3. Observação para o sucesso da técnica, 60
4. Explicação sobre aparelhos elétricos usados, 60

Capítulo 7: Recursos que ajudam a anestesia
1. Energia e equilíbrio, 63
2. Acupuntura fisiognomônica, 63
3. *Riodoraku*, 63
4. Pulsos, 63
5. Psicólogos, 64
6. Homeopatia e massagem, 64
7. Florais de Bach, brasileiros e californianos, 65
8. Auriculossomaticoterapia, 66

Capítulo 8: Pontos usados
1. Pontos usados para as seguintes operações:
   a) Boca, 67
   b) Ossos, 67
   c) Cabeça, 67

Capítulo 9: Descrição técnica
1. Cirurgia da boca, 69
2. Cirurgia plástica, 69
3. Curiosidades sobre cirurgias torácica e de vesícula, 70

Capítulo 10: Tabela de pontos auriculares e sistêmicos usados para analgesia em odontologia, 71

Capítulo 11: Novos rumos: modificações técnicas
1. Hipnose, 74
2. Técnica para sono profundo, 75

Capítulo 12: Feromônios
1. História, 77
2. Efeitos dos feromônios, 77
3. Feromônios e acupuntura, 77
4. A acupuntura modifica os feromônios, 78
5. Pontos auriculares, 78

Capítulo 13: Vantagens e desvantagens
1. Vantagens da eletroacupuntura sobre a acupuntura clássica, 81
2. Desvantagens da eletroacupuntura sobre a acupuntura clássica, 81

Capítulo 14: Ficha Clínica
Ficha clínica, 83
Modelo de ficha odontológica, 85

Capítulo 15: O sexo no equilíbrio energético para analgesia por acupuntura
O sexo no equilíbrio energético, 87

Capítulo 16: Diagnóstico e plano de tratamento, 93

Bibliografia, 97

Anexo, 99

Bibliografia, 103

Prefácio

A grande expansão da acupuntura no Ocidente aconteceu a partir da visita do Presidente Richard Nixon à China, em 1972. O apoio da comitiva do então presidente americano à antiquíssima arte de curar e prevenir doenças facilitou a difusão do conhecimento e dos resultados altamente favoráveis que a acupuntura proporciona aos que dela fazem uso. Esses resultados foram o que realmente determinou a aceitação da mesma, tanto por parte dos profissionais da área da saúde como daqueles que dela se beneficiaram.

No Brasil não foi diferente. O uso da acupuntura cresceu exponencialmente. O número de profissionais da saúde que a estudaram para conhecê-la e empregá-la em seus pacientes aumentou rapidamente. Alguns pioneiros, como o Dr. Darwin Caldeira, dedicaram-se não só à prática clínica da acupuntura como também à divulgação (no Brasil e no exterior), à experimentação, à pesquisa, à luta pela regulamentação do ensino e da prática em nosso país.

Dentro deste espírito idealista, o Dr. Darwin oferece a um público interessado no assunto uma parte da sua experiência e do resultado das suas pesquisas. Explica, de uma maneira clara e acessível, os fundamentos baseados na tradição chinesa e o mecanismo de ação, abordando as mais recentes descobertas que esclarecem, sob a visão científica, o que é e como age a acupuntura.

Sendo provavelmente o pesquisador nacional com maior experiência na sua área de atuação, o autor deste livro oferece uma valiosa contribuição para todos os estudiosos e profissionais da acupuntura, mesmo aos que não se dedicam à analgesia ou à medicina natural.

Parabéns ao prezado amigo e colega, almejando que este seja o primeiro de muitos outros livros que enriquecerão o acervo da acupuntura brasileira.

Dr. Evaldo Martins Leite
Presidente da Associação Brasileira de Acupuntura

Lembrete

A dor é uma virtude do organismo que deseja ser são.
Atente para os casos em que a solução não chega logo.
Procure sempre a ajuda de um profissional habilitado.

Introdução

A medicina natural no Brasil tem muitos anos. A acupuntura, embora milenar, vem se expandindo há poucas décadas, e junto à nossa profissão, há bem pouco tempo.

Há, entretanto, que se considerar a importância desse fato, levando-se em conta as vantagens como o tratamento medicamentoso sendo auxiliado e, às vezes, até substituído pela acupuntura, que traz também uma luz para a analgesia sem produtos químicos.

Esperamos estar contribuindo humildemente para esta nova bandeira dentro da medicina natural.

Em congresso mundial de acupuntura, em maio de 2000, em Lyon, França, onde apresentamos trabalhos sobre analgesia por acupuntura, pudemos notar, estatisticamente, que são muitas as pessoas que se tratam por esta técnica, seja por convicção, filosofia ou necessidade, como nos casos de alergia.

Devemos também nos ater e ressaltar que a terminologia híbrida Oriente-Ocidente, na qual o Oriente considera o homem *holístico*, ou seja, uma associação alma-corpo físico, trata deste complexo como unidade, e *não* há diferença entre ciência e paraciência; temos então que *a ciência* é o *Tao* que rege todo o universo.

1
A acupuntura geral: como funciona

1. Acupuntura: definição, moxa, medicina chinesa, DO-INN

Acupuntura é a ciência que trata integralmente o indivíduo, usando agulhas nos pontos de energia dos meridianos.

Quando usamos moxa (o calor que cura) nestes pontos, por intermédio de bastões ou artemísia (fibras medicinais parecidas com fumo de cigarro), conseguimos também a cura.

A medicina chinesa tem sua própria filosofia e usa além dos métodos acima o DO-INN – massagem nos pontos de acupuntura e as ervas.

A teoria INN-YANG

Em acupuntura temos que considerar os *estados* ou forças INN-YANG que seriam dominantes nos meridianos (linhas de energia). INN e YANG são forças que se completam. Dizem os chineses que nem o INN nem o YANG existem isoladamente, mas sempre dependentes um do outro.

INN = Lua > doença crônica, profunda, constante.
YANG = Sol > Doença aguda, violenta, de curta duração.

2. Equipamento utilizado: agulhas, disparador, toposcópio, aparelhos elétricos e martelo

Agulhas: são de aço, bem finas para terapia, e para analgesia são mais grossas. Possuem o cabo mais grosso e extremidade bem afinada. Podem ser colocadas com um tubo de metal, o *mandril*, que é mais *curto* do que a agulha e batendo-se em sua extremidade mais grossa, introduz-se a mesma cerca de 3 milímetros. Pode-se colocar as agulhas também com o disparador, que é um aparelho mecânico mesmo onde se coloca a agulha, que é então *disparada* na pele.

Existem aparelhos elétricos chamados *toposcópios*, que sinalizam os pontos de acupuntura nos pontos de *menor* resistência elétrica da pele.

Existem outros aparelhos elétricos que apresentam *prendedores* em forma de "jacarés" para ligar por meio de fios elétricos as agulhas colocadas nos pontos de acupuntura aos monitores, que regulam a energia a ser aplicada a cada paciente.

Existem também *martelos*, com várias agulhas na extremidade, para conseguir um resultado acupuntural por meio de pequenas *batidas* nos *pontos de acupuntura*.

3. Pontos e meridianos mais usados na medicina natural

Os meridianos são em número de *12*, *bilaterais*, e correspondem a *6 órgãos e 6 vísceras*.

- *INN (6 órgãos)*

    Membros superiores:
    - Pulmão (P)
    - Mestre coração (MC) ou CS
    - Coração (C)

    Membros inferiores:
    - Fígado (F) ou (H)
    - Baço-Pâncreas (BP)
    - Rim (R)

- *YANG (6 vísceras)*

    Membros superiores:
    - Intestino grosso (GI)
    - Intestino delgado (ID)
    - Triplo aquecedor (TA) ou (TR)

    Membros inferiores:
    - Bexiga (B) ou (V)
    - Vesícula biliar (VB)
    - Estômago (E)

Vasos maravilhosos:
- Vaso concepção (VC)
- Vaso governador (VG)

Observação: Este símbolo significa que os dois pontos do meridiano funcionam juntos.

Meridiano do pulmão (P)

Vai desde um ponto no tórax, situado no segundo espaço intercostal e termina no polegar no seu lado externo. Tem ao todo 11 pontos.

Os pontos que mais nos interessam são:

P1 – Ponto utilizado nas dores artríticas nos dedos do profissional. Também trata de vômitos, laringites e faringites.

Trata de processos alérgicos como faringite e laringite provocadas pela ação do eugenol ou formol-cresol, tensões do profissional provocadas pela emoção de conseguir ou não a cura do paciente.

P2 – Principalmente dores e inflamações dos terceiros molares, excitabilidade.

P4 – Casos de inflamações da boca.

P5 – Herpes zoster, choro fácil, angústia, excitação motora.

P6 – Laringites, faringites, cefaleias, dores sinusoidais.

P7 – Comanda o pescoço, nevralgias do trigêmeo, dores na coluna cervical do profissional que trabalha sentado ao lado do paciente.

P8 – Amigdalites, febre, dispneia, dores precordiais.

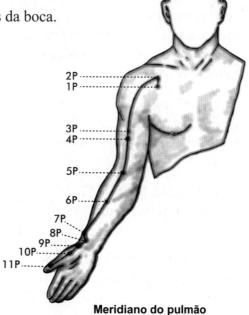

Meridiano do pulmão

P9 – Asma, artrite do pulso.

P10 – Garganta seca, "tosse dos cantores", língua com cor forte, mau hálito, epistaxe.

P11 – Trismo, salivação abundante, dores das mãos e dedos.

Meridiano-mestre do coração (MC), também chamado de circulação sexualidade (CS)

Inicia seu trajeto no quarto espaço intercostal e termina no ângulo ungueal externo do dedo médio.

CS4 ou MC4 – Hemorragias no nariz, dores provocadas pela postura do profissional, antebraço, pulso e dedos.

CS5 ou MC5 – Falta de energia, temor do paciente pelo profissional, hiper ou hipotensão, timidez.

CS6 ou MC6 – Gengivites, falta de decisão, hemorroidas provocadas por circulação deficiente em virtude de se manter sentado mais de 6 horas na mesma posição, língua com fendas profundas.

CS7 ou MC7 – Halitose, dor de garganta, sua sedação diminui a pressão arterial, tremores das mãos.

CS8 ou MC8 – Timidez, aumenta a capacidade sexual, halitose.

CS9 ou MC9 – Falta de concentração, rachaduras da língua.

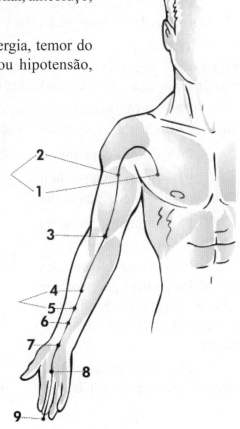

Meridiano da circulação - sexualidade

Meridiano do coração

Inicia-se no vazio, ou seja, na depressão das axilas e termina no ângulo ungueal interno.

C1 – Nevralgia intercostal provocada pela alimentação em horário incorreto, aflição.

C2 – Cefaleia, dor na região do cotovelo provocada por tensão.

C3 – Odontalgias, sensação de frio nos dentes.

C4 – Medo de água fria, paralisia da língua por pressão emocional.

C5 – Aflição e angústia, medo de ser feliz.

C6 – Vertigens.

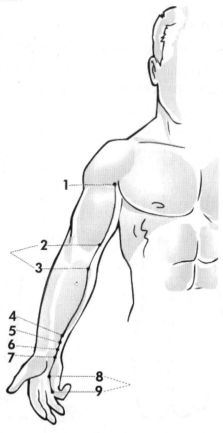

Meridiano do coração

Meridiano do fígado (F), ou (H) de hígado, em espanhol, pois grande parte da literatura é em espanhol

Vai desde o ângulo interno da unha do dedo maior do pé até terminar no sexto espaço intercostal.

F1 – Meteorismos, cansaço, hemorroida por "*securas*" da região anal.

F2 – Pacientes sempre descontentes com o mundo, coléricos, *angina pectoris*, parestesias.

F3 – Pacientes com a face com aparência de terra, espasmos repentinos nas crianças, boca seca.

F4 – Bruxismo provocado por patologias de energia geral (falta de metabolismo de proteínas pelo fígado).

F5 – Faringites, acidez, inapetência, lombalgia dos profissionais (posição).

F7 – Artrite do joelho.

F8 – Alergia a anestésicos ou a outros produtos químicos.

F9 – Dores na região lombar e sacra por falta de apoio para os pés do profissional que trabalha sentado em banqueta sem o correto apoio.

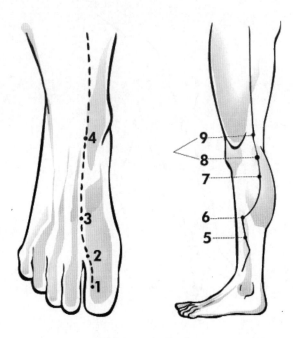

Meridiano do fígado

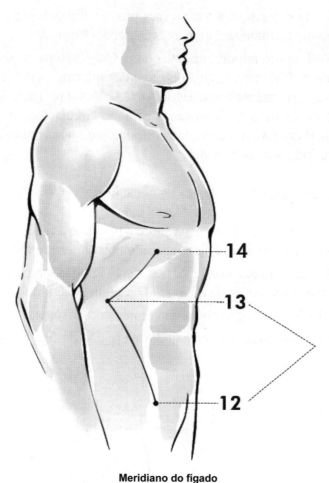

Meridiano do fígado

Meridiano do baço-pâncreas (BP)

Vai desde o lado interno (borda) do dedo maior (gordo) do pé, quase na unha, até terminar no sétimo espaço intercostal.

BP1 – Vômitos, epistaxes, dor na região do plexo solar.

BP2 – Transtornos reumáticos articulares provocados por problemas de postura, que predispõem estas regiões à ação de energias perversas como o frio excessivo.

BP3 – Dores ósseas.

BP4 – Salivação abundante, edemas, aerogastria, inapetência quando associada principalmente com a *má oclusão*.

BP5 – Dor óssea, dor nas varizes provocadas pela má *posição do profissional*, que fica também com as articulações doloridas.

BP6 – É muito importante este ponto. Quando o paciente apresenta problemas de A.T.M. com luxação do maxilar inferior, pode-se aqui usar moxa; falta de energia nas pessoas idosas. Ação sobre a arteriosclerose, varizes e úlceras varicosas provocadas pela má circulação e pela posição do profissional em que o mocho faz com que ele *dobre* muito as pernas; ponto contra-indicado na gravidez.

Para crianças desobedientes no consultório.

BP7 – Dor nos joelhos. Atua sobre a psique e o físico, melhorando a energia geral, inclusive a sexual, para aumentar a fertilidade.

BP9 – Cálculo das vias urinárias, dores lombares provocadas principalmente pela *falta de apoio do mocho* na região, vaginites.

BP14 – Transpiração abundante, tosse com dispneia.

BP17 – Nevralgia intercostal, dor na região do fígado.

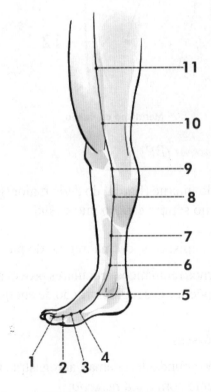

Meridiano do baço-pâncreas

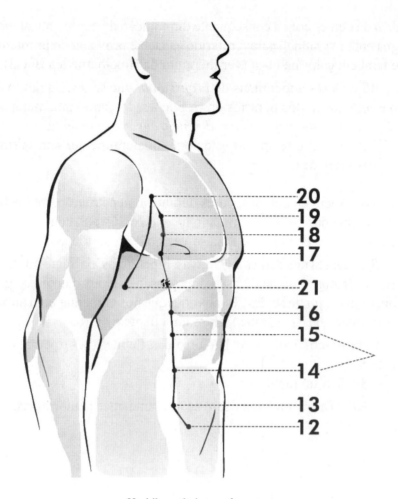

Meridiano do baço-pâncreas

Meridiano do rim (R)

Inicia-se na planta do pé e termina debaixo da clavícula.

R1 – Epistaxe, asma, bronquite, amnésia, *angina pectoris*, epilepsia, esterilidade, transtornos circulatórios dos membros inferiores.

R2 – Faringite, laringite, acne, abcessos em geral, furúnculos, cãibras provocadas pela má posição do pescoço (coluna cervical).

R3 – Afonia, espasmos excessivos da língua quando o paciente está sendo tratado.

R4 – Disfonia que pode ser provocada pela A.T.M. Asma e bronquite que podem ser provocadas pelos fatores tradicionais ou pela extração *desne-*

cessária de dentes com a consequente diminuição do espaço bucal, ficando a língua então "grande" para o referido espaço e provocando problemas da fala e também calor na boca (ver literatura de Biocibernética Bucal).

R5 – Dores abdominais do *profissional* que se *dedica* muito à profissão e se *esquece* dos horários das refeições, forçando uma mudança do PH, técnica eficiente para se *ficar doente* e *curar os pacientes*.

Deve-se sempre apertar este ponto bilateralmente, sem sairmos do horário das refeições.

R6 – Vício de bebidas, dores durante a menstruação, mal-estar dos pacientes sem conseguir determinar o local da dor. Aqui, como se percebe, podemos ajudar o paciente de uma só vez nos *três* sintomas.

R7 – Dores nos dentes e gengivas, hiperemias, paciente muito falante, tristeza, temor, falta de decisão, hipotensão, rigidez da coluna, gastrite provocada por *falta* de acidez. Temos aqui que nos alimentar com alimentos ácidos (tomate, agrião e frutas), entre um cliente e outro.

Catarro tubário crônico, hemorroidas, flebites (pés e pernas débeis), língua seca.

R8 – Dor no joelho.

R10 – Dores na bacia, salivação abundante, hemorragias, dor no joelho.

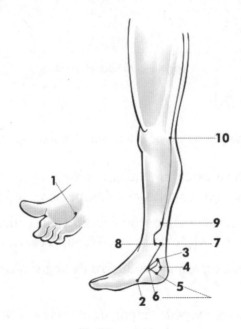

Meridiano do rim

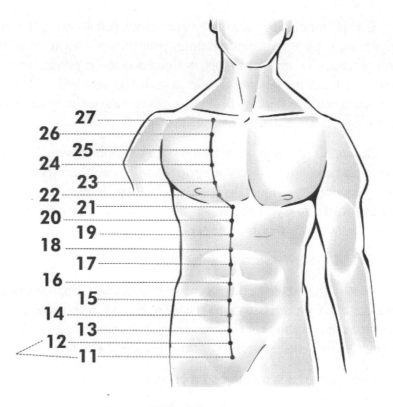

Meridiano do rim

Meridiano do intestino grosso (GI)

Vai desde o ângulo ungueal externo do dedo indicador e termina na asa do nariz.

GI1 – Dores nos dentes. Deve-se, durante o tratamento dos dentes, apertar esse ponto com a unha, o que vai diminuir a dor.

Herpes labial, nevralgia dentária, angina de Vincent, gengivites idiopáticas, parotidites, abcessos na face, acne, transtornos no *ombro do profissional*.

GI2 – Trismo, aftas, paradentoses, lábios secos, afecções oculares, meteorismo.

GI3 – Herpes labial, tumefação lingual, trismo, amigdalite, sensação de espinha na faringe.

GI4 – Ponto muito importante na medicina natural. Não utilizar em mulheres grávidas, pois *pode provocar* aborto.

Coriza, ronco, abcessos na língua, coriza (efeito rápido), nevralgia do trigêmeo, esgotamento, odontalgia, psoríases, dores reumáticas nos ombros e braços, *contraturas e artrites nos dedos dos profissionais*. Aqui vemos que estas dores são provocadas pela *coluna cervical*. Há que se usar a acupuntura antes e depois, fazendo-se uma massagem geral (pode ser quiroprática). Todas odontalgias. Epistaxe.

Rinopatia alérgica. Aqui, temos que considerar o profissional inspirando todos os odores no consultório *(soda clorada, acrílicos, formóis, cresóis, eugenol, etc.)*. Quando aparece este tipo de problema, há que se pensar que resfriados, corizas, queda de resistência, sinusites, também podem ser causados por fenomenologia alérgica.

GUNA (gengivite ulcerosa-necrosante aguda)

GI5 – Dificuldade na fala, esgotamento, cefaleia, impotência. Há que se considerar que o profissional pelo hábito de ouvir o paciente e assimilar muitas vezes seus problemas e energias negativas, não conseguindo livrar-se delas pode acabar *com dores nas costas*, de cabeça etc. GUNA.

GI6 – Dores nos membros superiores.

GI10 – Nevralgia do nervo radial prejudicando os movimentos das mãos dos profissionais. As mãos ficam fracas, paradentose, herpes, cefaleias provocadas pelo frio, paralisia facial, dor A.T.M.

GI11 – Aftas, nevralgia do trigêmeo, glossites, o paciente não consegue apertar a mão.

GI12 – Dificuldades funcionais com o cotovelo e braço.

GI16 – Convulsões das crianças, sialorreia, paralisia da região da língua.

GI17 – Disfonia, "sensação de que o maxilar inferior vai cair".

GI18 – Amigdalite, torcicolo, dor A.T.M.

GI19 – Trismo.

GI20 – Asma, todos os problemas na região do nariz.

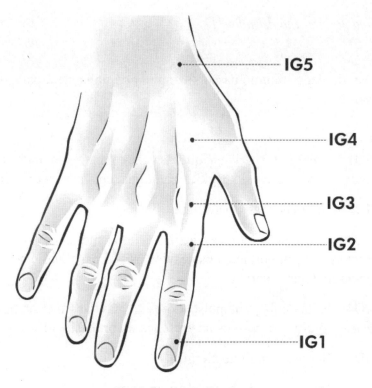
Meridiano do intestino grosso

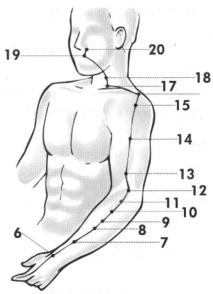
Meridiano do intestino grosso

Observação: Quando se tem uma dor muito forte, como alveolite, nevralgia do trigêmeo, não se deve aplicar agulhas do mesmo lado da lesão.

Meridiano do intestino delgado (ID)

Vai do dedo mínimo na ponta angular da unha até a parte anterior da orelha.

ID1 – *Adenopatia cervical*, que, às vezes, pode se tratar de um desequilíbrio da A.T.M., torcicolo, rigidez da língua, epistaxe, secura da boca.

ID2 – Anginas, tosse, parotidite.

ID3 – Olhos inchados e lacrimejantes, espasmos e *medos das crianças* no profissional, importante nos desvios psíquicos, algias e contraturas na região do maxilar superior.

ID4 – Falta de força no pulso, dores no maxilar superior, *nevralgia do trigêmeo*, vômitos, espasmos na presença do profissional.

ID5 – Surdez, gengivite alérgica.

ID6 – Impotência do *braço do profissional*.

ID7 – Medo, *artrites das mãos do profissional*.

ID8 – Trismo, dores dentárias, artrites em geral provocadas principalmente pelo *trabalho excessivo do profissional*.

ID9 – *Dor no ombro* do profissional, que pode ser evitada, fazendo-se uma *rotação* do órgão afetado quatro vezes ao dia.

ID15 – Dispneia.

ID16 – Gengivite (GUNA), amigdalite.

ID18 – Dores dentárias em geral, trismo, paralisia facial, neuralgia do trigêmeo.

ID19 – Dores artríticas na A.T.M.

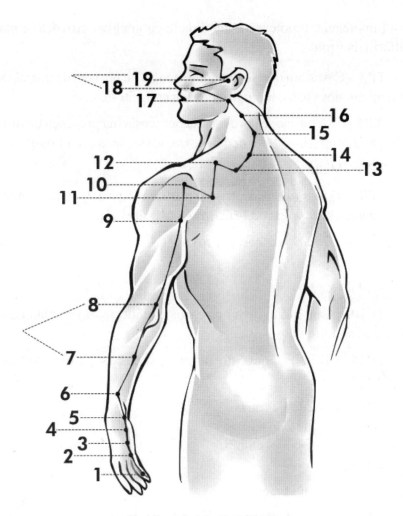

Meridiano do intestino delgado

Meridiano do triplo aquecedor (TA) ou (TR)

Inicia-se no ângulo externo da unha do dedo anular e vai até a extremidade externa da sobrancelha.

TR1 – Gengivite, sensação de uma *bola* na garganta (é o chamado *globos histericus* psíquico) e também pode ser algo físico. Pode-se associar aqui o uso da *Ignatia amara*, da homeopatia.

TR2 – Amigdalite, faringite, sinusite, principalmente provocada por uma raiz dentária que se parte em uma extração e vai parar no seio maxilar.

TR3 – Debilidade física e psíquica, como no caso do profissional que, às vezes, se vê desanimado *até com a própria situação técnica.*

Impotência, hipotensão, debilidade da gengiva provocada por desequilíbrio da tiroide.

TR4 – Casos em que se nota uma gengivite provocada por *diabetes*. Trata também dos casos de *lipotimias* nos consultórios.

TR5 – Dor de cabeça provocada por tensão na presença de um caso difícil para o profissional, *doenças do frio*, tosse, secura da língua.

TR6 – Medo do frio.

TR7 – *Tiques nervosos*, trismo provocado principalmente por *contatos prematuros ou placa de bruxismo mal adaptada*.

TR8 – *Tiques nervosos* provocados por tristeza, dores anais e coceira.

TR9 – *Dor* no coração.

TR10 – Atua muito bem nos casos em que a voz desaparece *como que por encanto*.

TR11 – Dor na ponta do pulmão, todas as patologias do maxilar inferior.

TR12 – Falta de alegria nos pacientes tímidos que *não sabem porque estão neste mundo*, cãibra do profissional.

TR13 – Dor no braço.

TR15 – Medo de doenças provocadas por choque térmico.

TR20 – Dor no pulso do profissional.

TR22 – Dor no maxilar superior, otite, nevralgia em geral.

TR23 – Vômitos, parestesias ou aspecto de anestesia provocado principalmente por compressão nervosa, dentes do siso impactados ou problemas circulatórios.

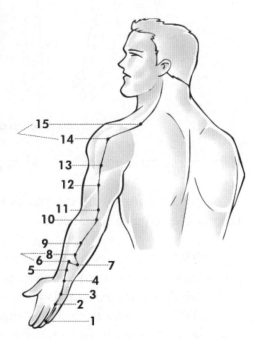

Meridiano do triplo aquecedor

Meridiano da bexiga (B)

Inicia-se no ângulo interno do olho e termina ao lado da unha do dedo mínimo

B1 – *Rosto de bêbado*, olhos inchados, glaucoma, tensão do paciente.

B2 – Sinusite. Pode ser aqui provocada, além dos problemas alérgicos, por uma raiz infectada, que junto ou separadamente com cicatrizes tóxicas também pode provocar patologias paralelas, ou seja: obesidade, estrabismo.

Pode provocar também um desvio da lateralidade, ou seja, o cliente que usa o lado esquerdo não o faz por comando central, ou hábito, mas por uma degeneração de sua motricidade. Segundo o Dr. Nogier, isto é muito relevante para o tratamento pela acupuntura. O trismo, aqui também, tem essa origem.

B5 – Paralisia facial, espasmos, coriza, trismo, tensão do *cotovelo do profissional*.

B6 – Vômitos, sensação de *bola* na laringe, tumefação adenoideana.

B8 – Problemas oculares.

B10 – Epistaxe, dores oculares, nevralgia do trigêmeo.

B11 – Meteorismo, traqueíte, ponto para tratamento ósseo.

B12 – Febre, resfriados frequentes.

B13 – Gastrite provocada *principalmente por falta de horários para refeições*.

B25 – Hemorroida, problemas gerais com a coluna.

B54 – Gengivites, alopecia por problemas de tensão, amigdalites, problemas com a coluna lombar *(às vezes por defeito do mocho do profissional)*, irradiando-se para o ciático.

B60 – Dores de dentes, dores em geral, mesmo idiopáticas, esterilidade.

B61 – Dores e edema do joelho.

B62 – Dificuldades da fala, convulsões, lombociatalgia, nevralgias, dores que o *profissional* tem provocadas por uma *posição viciosa* para um lado.

B65 – Diarreia, lumbago.

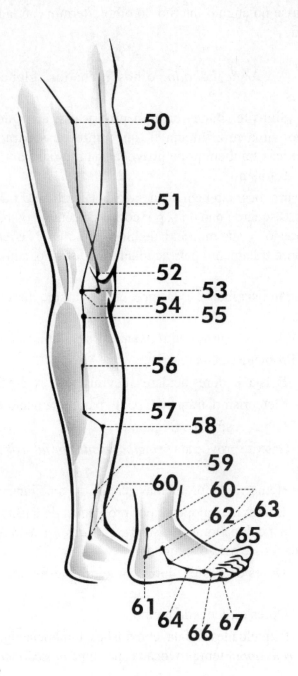

Meridiano da bexiga

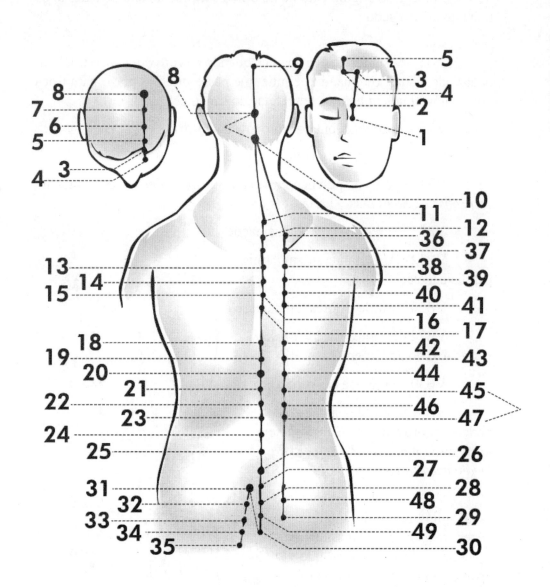

Meridiano da bexiga

Meridiano da vesícula biliar (VB)

Começa no ângulo externo do olho e termina no ângulo externo da unha do quarto dedo.

VB1 – Vista turva, que aparece quando o *profissional* não usa lâmpadas adequadas, ou quando permite que passe muito o prazo para troca dos óculos; trata também de nevralgias do trigêmeo.

VB2 – Surdez, odontalgia provocada por frio.

VB3 – Trismo, amigdalites, paralisia facial.

VB4 – Dores no pescoço *provocadas principalmente* pelo trabalho do *profissional* em visão direta.

VB9 – Dores no ombro, alucinações.

VB12 – Amigdalites, trismo, rinite, paralisia facial.

VB20 – Surdez, dores lombares.

VB24 – Sensação de *quei-maduras* abaixo do abdômen.

VB30 – Fraqueza nas pernas.

VB37 – Problemas hepáticos, podem ser provocados. *Este problema no profissional por idiossincrasia a medicamentos como formol.*

VB38 – Problemas com os gânglios cervicais, que, às vezes, exigem do profissional a suspeita de problemas que aparecem nos exames hemato-lógicos e há casos em que são provocados pela A.T.M.

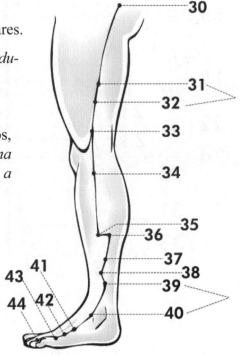

Meridiano da vesícula biliar

VB41 – Contra-turas, depressão, *estalos nos pés do profissional,* que não trabalha com um mocho que tenha apoio para os pés na *altura certa.*

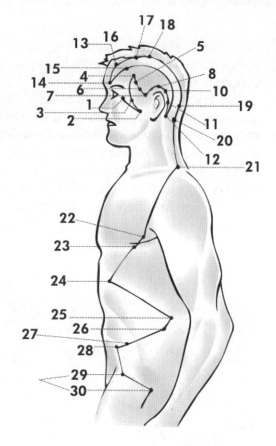

Meridiano do estômago (E)

Meridiano da vesícula biliar

Inicia-se na região temporal e termina no ângulo ungueal do segundo do pé.

E1 – Paralisia facial, dor nos olhos, nos casos em que se quer a *analgesia facial,* dor na A.T.M.

E2 – Nevralgia do trigêmeo, odontalgia, paralisia facial, dores de cabeça, problemas de A.T.M.

E3 – Parotidite, nevralgia do trigêmeo, paralisia facial.

E4 – Surdez, paralisia facial, dificuldades oculares, trismo, gengi-vite, GUNA.

E5 – Espasmos labiais, paralisia facial, lacrimejamento fácil, gengivite, GUNA.

E6 – Inflamação dos lábios, nevralgias do trigêmeo (usar sempre o ponto do outro lado).

E7 – Trismo, paralisia facial, odontalgias, paradentose.

E8 – Espasmos labiais, dor e disfunção A.T.M., odontalgia, gengivite, *dor distante, migraine.*

E9 – Traqueítes, disfonias, dispneia, dor A.T.M.

E12 – Hipertensão. Pode-se usar *antes* de qualquer procedimento com pacientes hipertensos.

E36 – É um dos pontos *mais importantes*. Trata-se de um ponto que *aumenta o tônus muscular, aumenta a energia* como se realmente se tratasse de uma vitamina, e cuida das infecções como um antibiótico. Trata de problemas do *sistema nervoso*, timidez, angústia, doenças do frio inclusive A.T.M. Importante na *analgesia por acupuntura*, trata das *gengivites*, edemas, inflamações, coluna, "síndrome do pânico".

E42 – Estomatites, analgesia por acupuntura.

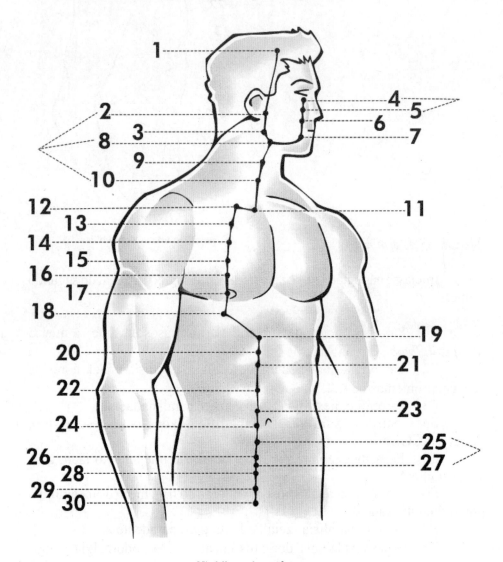

Meridiano do estômago

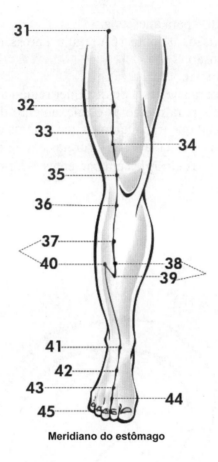

Meridiano do estômago

Pontos Auriculares que Interessam à Medicina Natural

1. Anestesia dentária maxilar superior.
2. Anestesia dentária maxilar inferior.
3. Olho – para anestesia.
4. *Shen Men* (ação analgésica, psicose, ação anti-flogística).
5. S.N.V. – problemas em reflexoterapia para cirurgia (ponto interno na aurícula).
6. Cervical – para *relax*, tanto na anestesia, como para o profissional.
7. *Toothache point* – ponto da dor dos dentes.
8. Pulmão I e II (para cirurgia de pele).
9. Parte anterior do palato.
10. Rim (para cirurgia dos ossos).
11. Parte posterior do palato.
12. Língua.
13. Maxilar superior.
14. Mandíbula.

15. Occipital – para anestesia.
16. Hipertensão. O ponto 16A regula a pressão alta e baixa.
17. Hipertensão.
18. Face e malar.
19. Total – para anestesia de qualquer região a ser operada.
20. Lombar – para melhorar o relaxamento do cliente e tratar da coluna do profissional que trabalha mais que 8 horas diárias.
21. Pâncreas e vesícula – nas cirurgias em diabéticos.
22. Fígado – nas cirurgias cm pacientes alérgicos e com diabete.

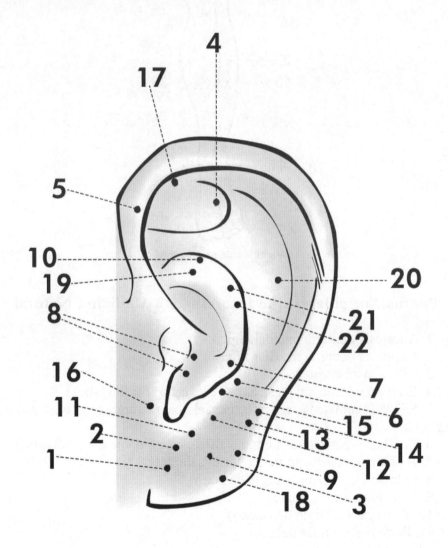

Pontos Auriculares

Vasos maravilhosos

São meridianos que estão presentes nos casos de patologias severas.

Os vasos INN são:

1. TEHONG – MO
2. INN – OE
3. INN – TSIANO – MO
4. VASO CONCEPÇÃO

Os vasos YANG são:

1. YANG – OE
2. TAE – MO
3. IANG – TSIAO MO
4. VASO GOVERNADOR

Os que mais nos interessam são: *vaso concepção e vaso governador*.

Vaso concepção (VC)

Vai do períneo até o mento.

VC2 – Desânimo, falta de energia, característica do cliente que tomava vitaminas e parou, *stress* do profissional que *não observa horários para relax*.

VC7 – Espasmos abdominais, gases, trata todos os problemas mentais, prurido vulvar.

VC9 – Gases.

VCI5 – *Globo histérico* (o paciente sente uma *bola* na garganta, é emocional), neurastenia, *síndrome do pânico*.

VC17 – Dificuldade respiratória à noite, ronco.

VC21 – Dificuldades para mastigar e engolir os alimentos, gengivites.

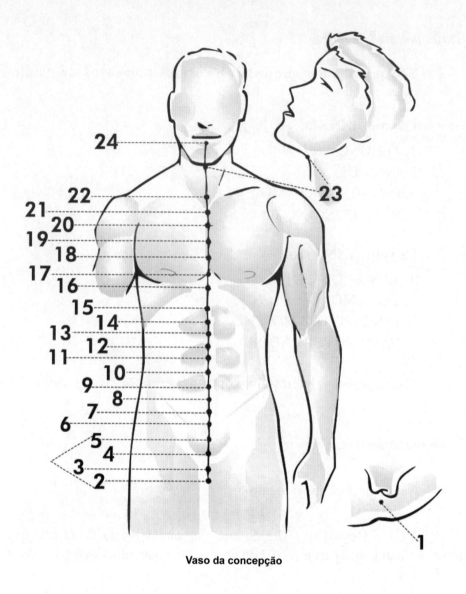

Vaso da concepção

Vaso governador (VG)

Vai do coxis, passa pelo lábio superior até terminar em um ponto abaixo do nariz.

VG1 – Artrite no joelho, *principalmente* dos colegas em que o *mocho não apresenta suporte* para *os pés* na altura certa.
VG6 – Hemorroidas, problemas emocionais do paciente que apresenta *falta de confiança no mundo*.
VG9 – Dores lombares, dorsais, estendendo-se para as pernas.

VG14 – Amigdalites, gengivites.

VG15 – Língua inchada, afonia, aqui *não* se usam moxas.

VG17 – Adenite cervical.

VG20 – Anemia, choro noturno das crianças, principalmente quando as mães delegam *muitos poderes* às babás, que não evitam culpar as crianças por travessuras, não acredita em religiões.

VG21 – Sinusite, anestesia dentária.

VG26 – Anestesia dentária, diabete.

VG28 – Anestesia dentária, paralisia facial, gengivite, dor nos dentes, rinite.

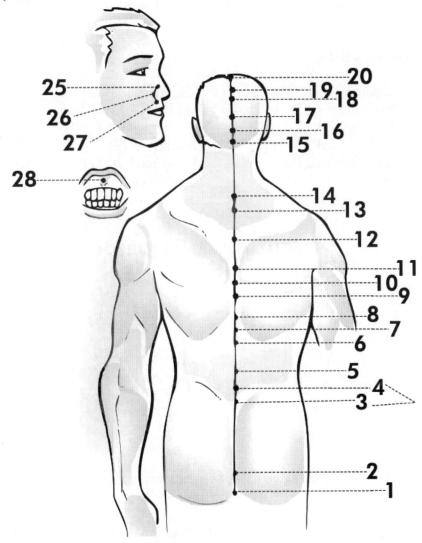

Vaso governador

4. Elementos para diagnóstico: pulso chinês, anamnese, terapia constitucional

a) *Pulso chinês*
É o registro da percepção arterial na região do pulso do paciente. Isto nos dá, com relação aos meridianos presentes, uma ideia para o diagnóstico:

1. Duro e fraco, temos espasmos;
2. Duro e largo, temos hiperfunção;
3. Suave e curto, insuficiência;
4. Suave e largo; temos aqui, então, uma *pequena insuficiência*. Não vamos nos prender aqui, pois será tema de outro compêndio.

Pulsos e Suas Relações

Superficial: TR (3)   Superficial: B (3)
Profundo: CS (3)   Profundo: R (3)
Superficial: E (2)   Superficial: VB (2)
Profundo: BP (2)   Profundo: F (2)
Superficial: IG (1)   Superficial: ID (1)
Profundo: P (1)   Profundo: C (1)

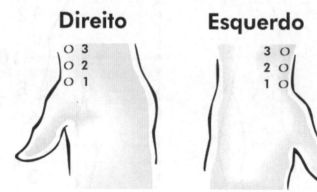

b) *Anamnese*
Perguntando ao paciente, conseguiremos constatar suas doenças.

c) *Terapia constitucional*
Pelo tipo físico, sabe-se qual o meridiano. Devemos usar no início o item "b", para efeito de diagnóstico.

5. Teoria dos cinco elementos

Aqui a acupuntura relaciona os cinco elementos que se combinam com os tipos físicos aos meridianos.

Tipos físicos:

- Madeira > fígado > raiva
- Fogo > coração > alegria
- Terra > pâncreas > pensamento
- Metal > pulmão > preocupação
- Água > rim > medo

Temos também, ligados a estes métodos de diagnóstico, a descrição da *energia* do paciente, dados importantes abaixo indicados.

Descrição do Excesso ou Falta de Energia

1. *Excesso global do INN:* pacientes fortes, com aspecto bem alimentado, com tendência a inflamações das articulações têmporo-mandibulares, sensação de frio no corpo.
2. *Falta de energia global do INN:* pessoas com aspecto magro, inchado, preguiçosos, sem muita cor no rosto, apresentando sempre psicose e depressão, lipotimias, medo do desconhecido e do *profissional*.
3. *Excesso global do YANG:* pessoas muito rápidas no seu movimento, cantam o tempo todo, sempre excitadas dizendo que não têm medo do profissional, falando sempre muito alto.
4. *Falta de energia global do YANG:* pessoas muito brancas, *olhar de Mona Lisa*, lágrima fácil, muito lerdos, parestesia, o maxilar inferior desloca-se muito facilmente.
5. *Pulmão em excesso:* dores nas costas, tosse, transpiração *sem* que o paciente esteja se movimentando.
6. *Pulmão com falta de energia:* insônia, o paciente muda de cor de acordo com a estação do ano.
7. *Mestre do coração em excesso: mau hálito*, quando ri muito perde o fôlego, gosta muito do profissional porque representa para ele segurança. Suas paixões são sempre atormentadas.
8. *Mestre do coração com falta de energia:* sente medos sexuais, perda da voz nos cantores, compulsão ao suicídio, cansa-se com facilidade.

9. *Coração em excesso:* sempre agitado, vermelho, quando o amor não é correspondido chora muito, dores cardíacas, artilheiro do campeonato.

10. *Coração com falta de energia:* medo do profissional, qualquer esforço faz com que perca a confiança em si mesmo.

11. *Fígado em excesso:* a pele amarelada ou escura, dificuldade urinária, maus efeitos de remédios para aumentar a potência sexual, dores na coluna e músculo.

12. *Fígado com falta de energia:* mulheres com problemas psíquicos com relação ao seu desempenho sexual, homens com problemas físicos e psíquico-sexuais, tempo de coagulado alterado, dores nas pernas.

13. *Baço-pâncreas em excesso:* dores articulares, pesadelos, dores nas costas do profissional provocadas por má posição, intestino preso.

14. *Baço-pâncreas com falta de energia:* intestino solto, gases, frio excessivo.

15. *Rim em excesso:* urina escura com mau cheiro, pequena quantidade, dores na coluna lombar.

16. *Rim com falta de energia:* urina muito, transpiração excessiva, cheiro estranho na urina, urina na cama.

17. *Intestino grosso em excesso:* mulheres com aspecto de ninfomaníacas, calor, prefere o *gosto do jiló*, intestino preso.

18. *Intestino grosso com falta de energia:* falta de acidez, principalmente quando o profissional *não se alimenta na hora certa*, clientes friorentos, intestino solto.

19. *Intestino delgado em excesso:* abcessos, granulomas e cistos da boca, sorriso fácil.

20. *Intestino delgado com falta de energia:* urina fácil, transpira muito, aspecto de *drácula*.

21. *Triplo aquecedor em excesso:* falta de apetite nas crianças, dificuldade respiratória, sono difícil, acorda às 4 horas da manhã.

22. *Triplo aquecedor com falta de energia:* desânimo, fraqueza sexual, *incapacidade muscular* nos profissionais com excesso de trabalho.

23. *Bexiga em excesso:* quer urinar e não consegue (às vezes é a próstata aumentada), cuidado para pedir exames específicos, espirros quando o intestino está preso.

24. *Bexiga com falta de energia:* muita urina, *Ascaris lombricoides*, sintomas de diabete no profissional que *não urina* na hora certa por não querer abandonar o paciente.

25. *Vesícula biliar com excesso:* membros adormecidos, inchaços, *globus histericus*, boca amarga.

26. *Vesícula biliar com falta de energia:* inchaços na perna, boca, pesadelos, irritação com barulhos, dores idiopáticas.

27. *Estômago com excesso:* mania de perseguição, pesadelos, abcessos, acne rosáceo, dores de cabeça quando não defeca.

28. *Estômago com falta de energia:* chora fácil, frio, em geral cor da testa vermelha, vômitos, dor no epigástrio, sensação de *bola* na garganta, amores insatisfeitos, culpa.

6. Pontos de comando da energia

Se o ponto aumenta a energia diz-se que é tonificante. Se, ao contrário, diminui, diz-se que é dispersante ou sedante.
Temos, então, os pontos de tonificação e sedação.

7. Indicações e contra-indicações

Usamos sempre a acupuntura quando podemos esperar uma reação do paciente, tenha ele qualquer idade.
As contra-indicações referem-se a pacientes com resposta quase nula, por exemplo, no caso de tratamento com imunossupressores (corticoides).

2
Acupuntura: uma ciência da modernidade

1. Histologia dos pontos

Notamos que o traçado histológico do local tratado por acupuntura é diferente do original.

2. Pontos de acupuntura: localização e funções

Além do aparelho elétrico toposcópio, que mostra o ponto, notamos nestas regiões uma depressão física.

Suas funções são relacionadas às modificações dos estados físicos e psíquicos do paciente.

3. Características dos pontos: liberação das endorfinas e ação à distância

É considerada importantíssima, pois por este mecanismo conseguimos uma terapia e analgesia do paciente, tanto local como a distância.

3

Processo técnico de integração

1. Integração odonto-médica

É muito importante considerarmos que uma especialidade não existe sem a outra.

2. Acupuntura: suas aplicações nos pacientes especiais

Os pacientes especiais são os que apresentam problemas psicossomáticos, valorizando a acupuntura além da expectativa.

3. Quando os pacientes nos procuram? Não existe acupuntura somente local

Quando os outros métodos de tratamento não se mostraram eficazes. Não existe acupuntura local, se considerarmos uma lesão, por exemplo, na A.T.M. Tem como causa, além dos problemas já conhecidos, também implicações oriundas de desequilíbrio do meridiano do estômago, cujos pontos para tratamento estão à disposição, por exemplo, no E36 que está próximo do joelho.

4

Analgesia por acupuntura: uma realidade científica

1. Auricular ou Sistêmica

Tanto a acupuntura auricular, em que os pontos situados na orelha também tratam das enfermidades físicas e psíquicas através de estímulos por agulhas ou elétricos, quanto a sistêmica, que trata das patologias por intermédio dos pontos dos meridianos, conseguem um resultado eficiente.

2. Hipnose

Usada como auxiliar nos casos de analgesia, deve ser usada com cuidado, pois pode trazer problemas emocionais.

3. Crianças

a) *Agulhas mais curtas*

São as mais usadas para crianças na idade de 10 anos em diante. Pode-se usar também esferas de aço nos pontos auriculares com bom resultado.

b) Iron Alligator

É um aparelho em forma de "jacaré" ou gancho de prender roupa, feito em cobre, que se coloca no lóbulo da orelha, ligado por um fio até o aparelho de eletroacupuntura, que proporcionará os impulsos elétricos para tratamento ou analgesia. Ele pode ser usado em crianças, substituindo as agulhas.

4. Analgesia em medicina natural: uma realidade

O resultado tem sido muito eficiente, desde que se siga corretamente a técnica.

a) *Em cirurgia plástica*

Temos feito alguns casos com relativo sucesso.

b) *Em cirurgia experimental nos casos de pulmão (com Dr. Hernani de Pina, médico anestesista)*

Temos já preparado um esquema técnico e, brevemente, teremos a oportunidade de iniciar essas cirurgias.

5. Primeira referência de analgesia por acupuntura

É contado na China o seguinte caso: um caçador apresentava uma patologia no joelho, o que o impedia de trabalhar no sustento da família. Sarou quando, sem querer, um colega flechou-o na região doente. Por isso, no Oriente antigo, as agulhas eram representadas por flechas.

6. Pontos de tonificação e dispersão em função da analgesia

Na tonificação, as agulhas devem ser colocadas no sentido da corrente de energia, por exemplo do IG3 para o IG4, com uma inclinação de 45 graus.

Na dispersão, o sentido é inverso. Aqui é importante usar a tabela anterior de sintomas INN-YANG para sabermos quais os meridianos do paciente que estão em disfunção e compensá-los, sedando ou dispersando.

7. A acupuntura e a dor

Temos aqui a considerar as seguintes algias:

a) *Algias difusas*: sobre meridianos da mesma natureza INN ou YANG; aqui praticamos a pequena picada na zona centro da dor.

b) *Algias limitadas*: picar *no centro* e ao *redor* da região. Deve-se aqui orientar o paciente no sentido de que, às vezes, há um aumento provisório da dor.

c) *Algias lineares*: sobre um vaso maravilhoso. Quando se tratam de vasos maravilhosos devemos aplicar a agulha no ponto de comando do mesmo vaso, do outro lado.

Todas as dores da esfera odonto-estomatológica são tratadas por este método: algias maxilares, língua, gengiva, nevralgias de trigêmeo, pulpites. Aqui cabe uma citação especial sobre o tratamento destas algias, associando-se a acupuntura tradicional ou por meio do raio laser à homeopatia, com resultados surpreendentes.

Método de localização dos pontos de acupuntura: é feito por meio de aparelhos elétricos que marcam locais de menor resistência elétrica – pontos de acupuntura.

8. Teorias sobre analgesia

1. *Endorfinas:* são elementos liberados no nível do cérebro pela acupuntura e teriam capacidade dessensibilizante.
2. *Portão:* o tálamo tem ação modeladora. Se fizermos agir sobre estes núcleos estímulos *não dolorosos* inibiremos a dor porque o estímulo não chega ao córtex.
3. *Meridianos:* com o estímulo dos pontos que estão ligados diretamente às estruturas, há anestesia; temos os pontos de sedação *à distancia, locais e auriculares*.

9. Vantagens

1. Não traz problema para os cardíacos (a menos que portem marcapasso; aqui dever-se-á empregar técnica manual e não elétrica), nem para os que já tiveram choque anestésico;
2. Não necessita entubação e há diminuição das secreções brônquicas;
3. Não tem ação nociva sobre as funções musculares;
4. Não tem qualquer modificação importante sobre a pressão arterial;
5. A hemostasia é melhor;
6. A cicatrização é mais eficiente;
7. O paciente se mantém consciente durante a intervenção;
8. A analgesia permanece durante mais tempo após a intervenção.

10. Desvantagens

1. Fator tempo (é maior);
2. Resposta ao quente e ao frio é deformada, apenas quando se usa motor turbina;
3. Dores à tração violenta;
4. Necessidade de preparo psicológico do paciente.

5
A Eletricidade e a dor: frequência ideal

1. A eletricidade e a dor

Consideramos ideal a frequência de 40 a 60 Hz para usar nos aparelhos de eletroacupuntura, iniciando com 3 Hz.

Mas temos que considerar que as baixas frequências são pouco antiálgicas e a passagem de corrente é dolorosa, as frequências médias são mais antiálgicas e a corrente menos dolorosa e as altas frequências provocam contraturas.

Usamos para a analgesia correntes moduladas ou variáveis, pois não provocam ionização das agulhas, ou seja, são oxidadas. Se não usamos as agulhas de ferro, que são as ideais, com as agulhas de ouro o paciente permanecerá tatuado (manchado).

6
Técnica propriamente dita

1. *Tchi*

É a capacidade analgésica individual, procurada normalmente no ponto IG4, do lado oposto à lateralidade do paciente.

Por exemplo, se ele escreve com a mão direita usamos o lado esquerdo.

Devemos sempre usar agulhas mais grossas que as usadas em terapia, aprofundando sempre mais para realmente atingirmos o ponto de acupuntura analgésico, fazendo sempre um aprofundamento e a retirada da agulha em ângulo de 180 graus.

Podemos também usar para isso o ponto do intestino grosso na aurícula.

2. Teste positivo

Podemos considerar positivo o teste se o paciente tiver as seguintes sensações:

1. Adormecimento no nível da agulha e se espalhando essa sensação por todo o braço;

2. O paciente sentirá um peso na região, não conseguindo levantar o braço;

3. Terá também uma sensação de calor;

4. Sensação de passagem de corrente elétrica.

Tendo o teste apresentado sinais positivos, esperar-se-á ainda assim uma semana.

O teste positivo dá grande esperanças de uma boa analgesia; se negativo, será conseguida esta analgesia com um equilíbrio do paciente.

3. Observações para o sucesso da técnica

a) Traço de incisão entre duas agulhas;

b) Usar sempre o *toothache point*;

c) Respeitar a circulação de energia. A agulha deverá estar inclinada em dispersão;

d) Antes de fixar agulhas é importante conseguir o *tchi* do ponto;

e) Transfixação do IG4-IG3 do lado oposto;

f) Agulhas mais profundas do IG18. Ter-se-á que sentir o contato ósseo;

g) Não fazer movimentos violentos de tração e corte do motor (evitar aquecer o dente).

Devemos atingir muito bem os pontos de acupuntura e observar que os resultados não são de anestesia química. Existe aqui bloqueio do estímulo álgico, inclusive com bloqueio de determinadas áreas.

4. Explicação sobre aparelhos elétricos usados

Escolhidos os pontos:

1. Usar a onda especular polaridade negativa (em onda contínua somente no início);

2. Ligar os fios com "jacarés" nas seis saídas;

3. Ligar o fio terra;

4. Ligar a chave terapia anestesia;

5. Determinar frequência entre 30 e 60 Hz, iniciando com a mínima e crescendo depois;

6. Ligar a chave geral;

7. Nível de tensão. Iniciar baixo com mais ou menos 10 volts, aumentar devagar; movimentar os controles das 6 saídas até conseguir o máximo de corrente microampère suportável pelo paciente, apesar de incômodo, situando-se em geral entre 1mA a 3mA.

8. Período de implantação: efeito anestésico – 20 a 30 min;

9. Constatado o efeito anestésico, introduzir a modulação através da chave seletora e, se houver interesse, sonorizá-la.

7
Recursos que ajudam a anestesia

1. Energia e equilíbrio

É necessário que o paciente esteja bem equilibrado na sua energia, do ponto de vista da acupuntura. Para isso, contamos com os pontos El, E2, E3, E4, E5, E36, E44, pontos auriculares como o *Shen Men*, S.N.V., que são reguladores (verificar tabela INN-YANG) sem nos esquecermos dos fatores que seguem.

2. Acupuntura fisiognomônica

Ela se baseia nos tipos físicos que estão ligados às formas INN-YANG:

a) Normolíneos
Temos aqui que procurar o equilíbrio do meridiano do coração e estômago (C e E).
b) Brevilíneos
Devemos tratar aqui rim e bexiga (R e B).
c) Longilíneos
Tratamos aqui o Pulmão (P).

3. *Riodoraku*

É um aparelho elétrico que apresenta um mostrador digital que controla a energia do paciente.

4. Pulsos

Conforme situamos no Capítulo 1, vamos apenas nos orientar aqui pelo seguinte: os pulsos do meridiano a serem usados devem estar bem regulados. Pode-se conseguir este equilíbrio observando-se os pontos dos meridianos e suas relações energéticas.

5. Psicólogos

Eles nos auxiliam muito, pois "preparam" o paciente para a analgesia, equilibrando a sua psique, tornando-os mais receptivos. Tratam inclusive dos "grandes emotivos", clientes que apresentam uma confiança excessiva no profissional, aumentando a sua responsabilidade, achando que ele é "mágico".

6. Homeopatia e massagem

Há uma relação intrínseca entre os pontos de acupuntura e os medicamentos homeopáticos, que servem aqui para regular a energia do paciente.

Existe uma tabela, a de *Weihe*, um homeopata que faz esta relação. Existem pontos hipertonificantes e hipersedativos.

Homeopatia e Acupuntura (Weihe)

Pontos usados	Descrição dos medicamentos homeopáticos
ID – Fonte	Hipersedativo – *Cuprum metalicum* 30 a 200 x Hipertonificante – *Alumina* 6 a 30 x.
B64 – Fonte	Hipertonificante – *Custicum* 30 x Hipersedativo – *Apis* 6 a 30 x
R3	Hipertonificante – *Arsenicum alb.* 6 a 12 x Hipersedativo – *Phosphorus* 6 a 30 x
IG4	Hipertonificante – *Opium* 30 x – *Hydrastis* 6 Hipersedativo – *Veratralbun* 6 x
E42	Hipertonificante – *Arsenicum alb.* 6 a 12 x Hipersedativo – *Nitric. acidum* 6 x

Também são importantes:

Massagem para relaxamento – shiatsu – quiroprática	Acupuntura – DO-INN antes da analgesia – shiatsu nos pontos VB24, B14, B15, B17, B21, B23, R1 na posição 'de bruços' (20 minutos).
Em decúbito dorsal	Shiatsu nos pontos VC17, VC12, VC15 e E27, C7, E36. É recomendável um banho quente de imersão antes.

7. Florais de Bach, brasileiros e californianos

Usamos os florais de Bach, brasileiros ou californianos. Mas vamos, aqui, citar as características de Bach, porque é o que melhor se adapta à analgesia. São em número de trinta e oito. Ele dinamicamente inter-relacionou as atitudes humanas, estados mentais e as alterações do comportamento.

As diversas partes do corpo animal e as suas respectivas funções convergem numa via de representação simbólica dessas características psicofísicas, e temos que considerar em sua dinâmica 4 caminhos básicos (temos aqui cinco movimentos: madeira, fogo, metal, água e terra).

1. O princípio diz que qualquer dos 5 movimentos está favorecido por outro, e ele também pode alterar os movimentos posteriores.

Isso se chama criação ou estimulação.

2. O segundo mecanismo diz que qualquer dos 5 movimentos causa uma depressão-inibição por seu movimento anterior, e ao mesmo tempo pode inibir ou reprimir o movimento posterior. Aqui temos a repressão.

3. Deve haver uma integração (3 movimentos) dos movimentos anteriores.

4. Hipercontrole e anticontrole, que quaisquer desses movimentos em excesso causam ao seu movimento anterior (hipercontrole) e ao seu posterior (anticontrole).

Se tomamos como exemplo o fogo em excesso temos:

Metal = hipercontrole
Água = anticontrole

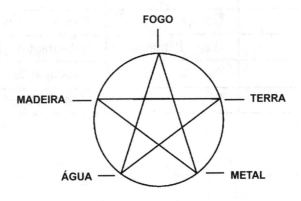

Cada um desses movimentos está relacionado à saúde humana.

- Madeira > fígado > raiva
- Fogo > coração > alegria
- Terra > baço, pâncreas > pensamento
- Metal > pulmão > preocupação
- Água > rim > medo

8. Auriculossomaticoterapia

Com um aparelho de pólos positivos e negativos se conecta o pólo positivo ao ponto da aurícula e o negativo na lesão diminuindo-se a patologia para facilitar a analgesia.

Temos que considerar que tanto a analgesia por acupuntura como a anestesia por produtos químicos funcionam bem, só que a analgesia por acupuntura tem indicações precisas e algumas dificuldades, como no caso do paciente com *marcapasso cardíaco* e mulheres gestantes entre *50* e *160 dias de gestação*.

Na gestação não se usam medicamentos e se evitam todos os problemas tóxicos que podem suceder na anestesia tradicional.

Movimentos Meridianos

Movimentos	Meridianos	Florais
Madeira	Fígado	Raiva – *Cherry Plum*
Fogo	Coração	Alegria – *Mímulus*
Terra	Baço, Pâncreas	Pensamento – *Impatiens*
Metal	Pulmão	Preocupação – *Agrimony*
Água	Rim	Medo – *Pine*

8
Pontos usados

1. Pontos usados para as seguintes operações:

a) *Boca:* maxilar superior, maxilar inferior, S.N.V., cervical, *toothache point* em 45 graus, *Shen Men*, pontos de anestesia dentária, paladar superior, ponto total, ponto da mandíbula, ponto do órgão correspondente, IG3, IG4, E1, E2, E3, E4, E36, E44, ID3, TA8 > MC4 em transfixação, rim, pulmão.

b) *Ossos:* Rim, S.N.V., *Shen Men*, IG, GI, ponto de correspondência.

c) *Cabeça:* Rim, *Shen Men*, coluna cervical, glandular, occipital, frontal e os pontos de correspondência.

Descrição técnica

1. Cirurgia da boca

É a extração do molar superior do lado esquerdo.

Pontos: *Shen Men*, S.N.V., rim, boca, maxilar superior, o ponto de anestesia dentária (*toothache point*) e o *ardil,* que vem a ser nada mais que os pontos do maxilar inferior e o ponto total (todos estes pontos estão situados na aurícula).

Este artifício é usado porque, às vezes, há uma anastomose de fibras do trigêmeo, e a lateralidade do paciente pode estar alterada, o que mudaria o lado em que se vão colocar as agulhas, já que a orelha esquerda seria o normal porque o dente está do lado esquerdo. Podemos também usar os pontos *do maxilar inferior e anestesia dentária* na aurícula *direita* quando se confirma a lateralidade invertida.

Para se estudar a lateralidade usamos um artifício: *auriculoterapia.* Utiliza-se um aparelho com 60 Hz e 3mA, corrente alterada, com um pólo positivo e um negativo. Coloca-se o pólo positivo no ponto da aurícula oposta ao da lesão e o pólo negativo externamente próximo do dente.

Passando a corrente verifica-se que a dor de dente (previamente estimulou-se o paciente a sentir uma pequena dor) passou.

Podemos usar em todos os casos os pontos auriculares e os sistêmicos. Sempre que se atua sobre os ossos, usa-se ponto do *rim,* e sobre *pele ou* mucosa usa-se ponto do *pulmão.*

Na cirurgia de boca, o *Shen Men* pode substituir o ponto do pulmão.

2. Cirurgia plástica

Depois de fratura do malar. Pontos: S.N.V., *Shen Men,* pulmão, malar, rim e ponto da face.

Inicia-se com 30 Hz, 5mA, onda quadrada, polaridade negativa durante 25 minutos em todos os pontos e 8 minutos antes da cirurgia desconectam-se os pontos malar, S.N.V. e rim.

Quando a incisão continua mais profunda até o malar, conectam-se todos os pontos em 30 Hz – 6mA durante 10 minutos e depois continuam conectados o malar, S.N.V. e rim e desconectam-se *Shen Men*, face, pulmão. Ao término, conectam-se *Shen Men* e pulmão com 20 Hz – 4mA.

3. Curiosidades sobre cirurgias torácica e de vesícula

Temos que considerar alguns fatores referentes à analgesia para cirurgia torácica. No tórax aberto há diminuição de oxigênio e excesso de gás carbônico (CO_2), para isso se utilizam os pontos do pulmão 1 e 2, rim, *Shen Men*, S.N.V., para facilitar este equilíbrio e diminuir as reações brônquicas.

Cirurgia de vesícula com aparelho elétrico: S.N.V., *Shen Men*, pulmão, ponto de correspondência, estimulação normal no início por 30 minutos com 39 Hz – 3mA, depois de 10 minutos desconectam-se os conectores elétricos dos pontos (ponto de correspondência) *vesícula* e *S.N.V.C.* e continua a estimulação de *Shen Men* e pulmão. Depois da incisão, conectam-se novamente todos os pontos ao aparelho elétrico (50 Hz – 10mA) durante 15 minutos. Se a cirurgia se aprofunda, continuamos somente com S.N.V. e vesícula, desconectando-se *Shen Men* e *pulmão*.

Quando vamos suturar, desconectamos a *vesícula* e S.N.V. e volta-se a estimular *Shen Men* e *pulmão* com 20 Hz – 4mA em corrente alternada, onda quadrada, polaridade negativa.

10
Tabela de pontos auriculares e sistêmicos usados para analgesia em odontologia

Dentes	Pontos Auriculares	Pontos Sistêmicos
Incisivos centrais superiores	Ponto total; ponto de anestesia dentária; *Shen Men;* S.N.V.; rim-pulmão	VG26; IG4; E36
Incisivos laterais superiores	*Shen Men*; S.N.V.; rim-pulmão *toothache point*; ponto total; ponto de anestesia	IG3; IG4; IG20
Caninos superiores	*Shen Men*; S.N.V.; rim; pulmão; *toothache point*, ponto total; ponto de anestesia	ID3; IG4; TR8 > MC4; ID18
Primeiros pré-molares superiores	*Shen Men;* S.N.V.; rim; pulmão; ponto total; ponto de anestesia	ID18; IG4; E7; E8
Segundos pré-molares superiores	*Shen Men*; S.N.V.; rim; pulmão *toothache point*, ponto total; ponto de anestesia	ID18; IG3; E8
Molares superiores	Shen Men; S.N.V.; rim; pulmão; ponto total; cervical; ponto de anestesia	IG3; IG4; E6; E7; E44; MC6
Incisivos inferiores	S.N.V.; *Shen Men*; boca maxilar inferior; rim; pulmão, *toothache point*, ponto total; ponto de anestesia; dentária do maxilar inferior	IG3; IG4; ponto assoalho; boca; T R 8 > M C 4 ; VG24, E6

Caninos inferiores	Idem	ID3; IG3; IG4; VC24; E5; E6; E36; MC6; TR8 > MC4
Pré-inferiores	Ibidem; occipital	IG3; IG4; VC24; E6; E7; E36; E44; TR8 > MC4
Molares inferiores	*Shen Men*; cervical; S.N.V.; rim; boca; *toothache point*; ponto de anestesia; pulmão I e II; ponto total; ponto de maxilar inferior; ponto de malar	IG3; IG4; E6; E7; E36; E44; MC6; TR8 > MC4; ID3

11
Novos rumos: modificações técnicas

a) *Crianças com mais de 10 anos:* Usamos agulhas curtas ou o *iron alligator*, que dispensa o uso de agulhas.

b) *Hipnose:* Temos observado nos resultados que conseguimos até 2 anos 50% de sucessos relativos, porque foram induzidos pela necessidade do paciente com histórico de problema circulatório ou alérgico causado por anestésicos. Resolvemos, então, atentar para uma técnica que esclarecesse melhor ao cliente o que acontecia, e qual não foi nossa surpresa: *muitos não queriam* saber sobre o mecanismo da analgesia, sugerindo inclusive que se nada soubessem ficariam melhor. Passamos então, transparentemente, a trabalhar com o seguinte esquema para analgesia:

1. Proposta para que todos preenchessem um questionário sobre como gostariam de serem tratados;

2. *Esclarecendo* tudo, somente comentando o trabalho;

3. *Praticando* o que muitos pediram: a hipnose. Neste caso temos usado uma técnica tradicional, levemente modificada para se adaptar à acupuntura. Procuramos usar pontos de acupuntura que se relacionassem com o temperamento do paciente, por exemplo, baseado no *Wu-Shin* e outras técnicas para conseguirmos uma boa hipnose e um bom equilíbrio energético do mesmo.

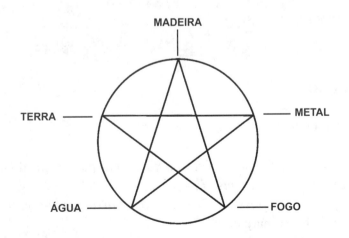

Cada um destes elementos está ligado a um órgão e a um meridiano. Segundo a psicanálise bowlbyana o indivíduo está representado nas suas emoções pela síntese dos mesmos.

Este conjunto, uma vez equilibrado, nos dá harmonia energética. Este trabalho nos fala também dos florais e sua relação com o dito equilíbrio, por estarem ligados aos meridianos. Esta associação toda nos dá então uma visão sobre o indivíduo, suas características pessoais, os 5 elementos, meridianos (5 pares simétricos e seus acoplados), técnicas hipnóticas para cada um.

Temperamento	Elementos	Meridianos	Técnicas
Raiva	Madeira	Fígado/VB	Técnica: abordagem muito séria e firme
Tristeza e alegria	Fogo	Coração/ID	Técnica evolutiva – segundo sua *performance*
Pensamento	Terra	Baço-Pâncreas/E	Explicação profunda sobre o tema
Preocupação	Metal	Pulmão/IG	Técnica com transparência total
Medo	Água	Rim/B	Técnica com conferência sobre as vantagens do mecanismo e transferência básica

1. Hipnose

a) Para o técnico

a.1) *O olhar: Firme sem pestanejar*, olhar para a *raiz* do *nariz*.
a.2) *A voz: Clara pausada e firme.*
a.3) *Do gesto (passes): De cima para baixo*, para adormecer e para descarregar de baixo para cima.

b) Do paciente: *estados*

b.l) *Letargia:* Há aqui uma *hiperexcitabilidade* neuromuscular; *tremor nas pálpebras* – manifesta-se quando se fixa a vista sobre um objeto a certa distância. *Aqui é abolido o uso dos sentidos* e há uma *analgesia completa* da *pele* e *mucosas*.

b.2) *Catalepsia:* Obtém-se com *uma luz viva sob os olhos*. O paciente *parece fascinado – reflexos tendinosos abolidos. Analgesia total*; melhor *para sugestão sobre acupuntura*.

b.3) *Sonambulismo: Produz-se pela forte fixação do olhar, pálpebras agitadas – analgesia cutânea.*

c) *Pacientes mais sensíveis*: Rosto oval – método para evidenciá-los.

c.1) Pessoas que se *coram facilmente*.
c.2) Mandar *colocar as mãos sobre os joelhos*.
c.3) *Queda para trás*.

2. Técnica para sono profundo

a) Segura-se *o polegar direito do paciente*.
b) *Coloca-se a mão esquerda na nuca do paciente*.
c) Dizer em voz alta lenta e clara: "durma profundamente". Fazer passes da cabeça para baixo, contando de 1 a 10. Depois das sugestões, *fazer o contrário*, para o paciente despertar bem.

12 Feromônios

1. História

1.1. *Aplicação para os seres humanos*

No início do século XVIII, um cirurgião chamado *Duysch* identificou um pequeno *receptáculo* no nariz que chamou de *órgão vomeronasal* e que se comunicava com o canal nasopalatino, diferente dos receptores olfativos normais.

1.2. *Mensagem de atração sexual*

São bastante difundidos entre os animais feromônios que atuam como mensagem de atração, quer para o outro sexo, bem como os de mesmo sexo (nos insetos).

2. Efeitos dos feromônios

2.1. *Feromônios e comunicações*

Acredita-se que desde o *Homo sapiens* o ser humano tem perdido a aptidão para produzir os feromônios. O *índio* ainda tem *grande capacidade sexual*. Acredita-se, observando-se os mesmos, que eles *detectavam* os feromônios pelo *olfato*, mas alguns deles são absorvidos pela pele e isto altera os ciclos menstruais.

3. Feromônios e acupuntura

3.1. *Uma modificação de comportamento*

Experiências:
- O receptor humano é seu órgão chamado de *vomeronasal* (OVN); observou-se que a presença de *testosterona* aumenta quando o homem sente o feromônio agradável da mulher.

- Observou-se que na mulher a *progesterona e o estrogênio* também aumentam.

4. A acupuntura modifica os feromônios

A acupuntura modifica os feromônios atuando sobre o meridiano do:

a) Fígado (F6)
b) Vesícula biliar (VB41)
c) Rim (R3)
d) Estômago (E36)
e) Circulação-sexualidade (CS7)
f) Baço-pâncreas (BP7)
g) Coração (C7)

5. Pontos Auriculares

a) *Nariz, SNV, Shen Men, rim, estômago, pontos de secreção interna, baço, pâncreas, coração.*

Notamos que os pacientes que se conheceram, por exemplo, *em 1 mês, casam e logo se separam*: tiveram uma exacerbação dos feromônios para *aproximação ou inibição* no início e depois foram *negativos um para o outro*.

Assim, fizemos uma verificação da energia dos pacientes e notamos que regulando a mesma, afloravam melhor os seus feromônios e os primeiros passavam a se conhecer melhor.

Observou-se que usando o *BP7*, ligado por *aparelho elétrico ao F6* ou simplesmente por um fio de platina, havia um aumento de excitação dos feromônios, melhorando casos de impotência, acrescido do C7.

- *Napoleão e Maria Luíza* – (cheiro bom)
- *Homo sapiens teriam mais feromônios* (não havia preocupação e poluição)
- *O índio mais sexy?*

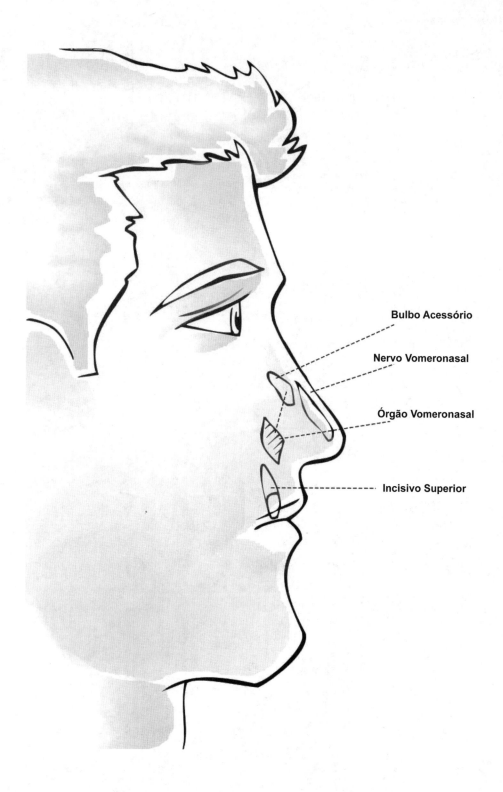

13
Vantagens e desvantagens

1. Vantagens da eletroacupuntura sobre a acupuntura clássica

1.1. Quando se localiza o ponto de acupuntura, fazêmo-lo com mais facilidade, pois a atuação elétrica se faz em uma área maior do que a clássica, na proporção de 10 mm por 4 mm e também é maior seu raio de ação.

1.2. O efeito da analgesia por acupuntura é maior.

1.3. Não é necessário um número muito grande de assistentes e há menor traumatismo.

1.4. A ação ansiolítica é maior.

1.5. Utiliza-se menor número de agulhas.

1.6. Usa-se um menor número de aplicações.

2. Desvantagens da eletroacupuntura sobre a acupuntura clássica

2.1. Não se pode utilizar a eletroestimulação em portadores de marcapasso cardíaco.

2.2. Pode provocar contraturas.

Observações: Na eletroacupuntura o pólo negativo é o ânodo e sua cor *é preta*, o positivo é o *cátodo* com *cor vermelha*.

+ (positivo) = Vermelho
− (negativo) = Preto

Pode-se identificar o cátodo (positivo) por ser o primeiro a provocar choque quando em contato com as mãos.

Utilizam-se de 2 a 3 aparelhos elétricos para a eletroacupuntura. Os pontos usados em cirurgias podem obedecer o seguinte esquema de polaridade.

NEGATIVA – GI3/GI4/VG20
Ponto total, TOOTHACHE POINT
POSITIVA-IN-TRAN/CS6/CS4

Tanto negativa quanto positiva, Shen Men, SNV/E36/E44/V60, ponto rim, ponto pulmão.

Na transfixação TR8 > MC4 só se usa acupuntura manual no lado esquerdo do paciente.

Para incisionais, pode-se usar *positivo e negativo*.

Pode-se usar também o seguinte esquema:

1ª fase – antes das cirurgias: p*ontos Auriculares*, GI4/GI3/VG20, *intram* B60/TR8 – MC4 (manual), pontos *para incisionais e locais. SHEN MEN,* PULMÃO.

2ª fase – cirurgia propriamente dita: pontos para incisionais, rim, ponto auricular de correspondência, B60/INTRAM/SNV (auricular)/E44 e E36. Total/Tr8, MC4.

3ª fase – na sutura: *Shen Men* – ponto pulmão, E44 e E36/VG20 e INTRAM .

4ª fase – após a cirurgia: E36 (E44) V60 e INTRAM.

14
Ficha Clínica

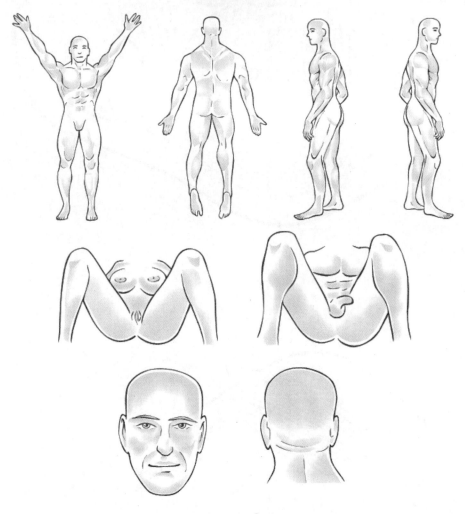

FICHA CLÍNICA

OBS: _____
_____
_____

*Nome do paciente:*_____ *Idade:*____ *Sexo:*____

*Profissão:*_____ *Est. Civil:*_____ *Procedência:*_____

83

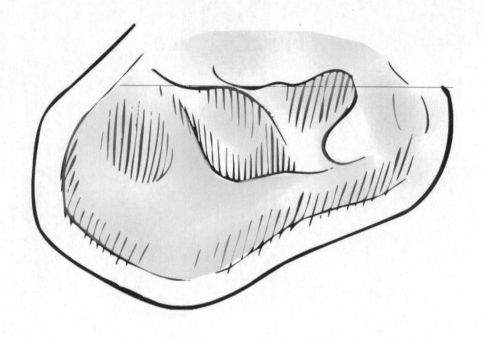
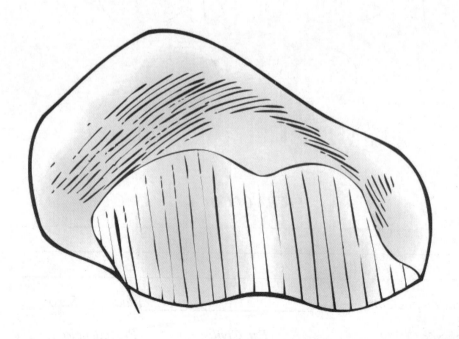

Modelo de Ficha odontológica para Analgesia por Acupuntura

Devemos nos preocupar sempre em achar pontos locais (pontos Para Incisionais), pontos adjacentes e pontos à distância.

Assim consideramos que em uma cirurgia de um molar superior esquerdo, teremos várias formas de tratamentos ou sejam:

Como pontos locais temos o ID18, E2 mais anatomicamente ligados a estrutura deste dente, como adjacentes teríamos então o E3,E4, E7, VB2, VB3, pontos à distância temos GI4 bilateral, E36 bilateral, CS6 bilateral. Vamos considerar também pontos auriculares Shen Men, Sistema Neuro Vegetativo porque às vezes acontece uma anastomose do nervo trigêmio na sua saída, o que confundiria o profissional na analgesia por acupuntura (O E3 serviria para o maxilar superior e o E4 para o maxilar inferior), Toothache Point, Pulmão superior e inferior que é relativo a pele, vai ser importante na hora da incisão e nos ajuda a evita uma entubação em casos em que a anestesia tradicional exige a mesma, e o Ponto Total, além do ponto da cervical que é para relaxamento do paciente, ponto do maxilar superior, ponto da face, todos estes pontos podem ser usados fazendo manualmente a rotação para a esquerda da agulha (0,40 X 50 medida da agulha) e também com aparelhos eletrônicos.

Devemos considerar que na Analgesia por Acupuntura não devemos iniciar com aparelhos elétricos e sim com uma manipulação durante cinco minutos. Nesse caso podemos usar a eletricidade que deve ser aumentada em hertz paulatinamente de acordo com o limiar suportável para o paciente sabendo assim o limite de dor do mesmo. Devemos sempre nos lembrar que um ponto distante muito importante é o TR8 – MC4 que deve ser usado em transfixação entre o rádio e a Ulna, sem entretanto perfurar a epiderme nunca podendo usar nestes pontos eletricidade, e devemos lembrar-nos que este procedimento só podera ser feito do lado esquerdo do paciente. Seguem protocolos:

No caso do primeiro molar superior esquerdo o ponto mais importante é o ID18. Iniciamos com 4 hertz e vamos aumentando a freqüência até um ponto suportável pelo paciente e que gira em torno de 20 hertz. Esperamos cerca de dez minutos aumentamos mais dez hertz para iniciar a cirurgia, quando ela se aprofunda desligamos o ponto do pulmão que só será ligado novamente na ocasião da sutura, normalmente na fase de aprofundamento podemos subir até 60 hertz e depois diminuímos na hora da sutura para 40 hertz.

Usando o aparelho da Cosmotron, colocamos o marcador na posição RD.

A seguir algumas sugestões para o sucesso da cirurgia baseando-nos em protocolos modernos que mandam usar poucos pontos ou seja:

– ID18, E44, E2e GI3.
– TR8-MC4 juntamente com E7, ID18, TR5, GI4-GI3 em transfixação.
– ID18, GI4 (Unilateral), CS6, E44.

Importantes observações: Não usar acupuntura eletrônica em portadores de marcapasso ou que tenham pressão arterial parecida com 20/10. As agulhas Para Incisionais penetram paralela e subcutâneamente até 2cm.

Seguem sugestões de pontos para analgesia por acupuntura

Dente números	Pontos
11	Total, VG26, Shen Men e SNV.
12	E2, TR8-MC4, GI20
13	E2, E36, GI4, E44
14	Total, E7, SNV, E44
15	Total, GI4, TR8-MC4
16	GI4, E36, TR8-MC4, ID18
17	GI4, Total, TR8-MC4, ID18, E6
18	CS6, Total, TR8-MC4, Shen Men, E6
41	Total, GI4, VC24, E44
42	SNV, Total, E6, VC24
43	E4, 5 e 6, GI4, VC24
44	E6, Shen Men, F6, VC24, E44
45	Total, E6, SNV, Shen Men, VC24
46	Total, SNV, E5, Shen Men, E6 e7
47	SNV, Shen Men, E6, VC24
48	SNV, total, VC24, E6, 7 e 8

15

O sexo no equilíbrio energético para analgesia por acupuntura

1. O sexo no equilíbrio energético

Não podemos nos esquecer de que:

"O prazer sexual traz a cultura à tona, e ela é resumo dos bens espirituais somados à negligência do corpo."

Isto quer dizer que o elemento humano acredita que traz consigo duas assertivas que considero graves:

1. Seu emocional pode resgatar a qualquer hora sua *performance* sexual, onírica.
2. Intelectualizado, acredita que domina o corpo a qualquer hora.

Não é verdade, porque há a necessidade desde pequeno do ser humano se preparar. Assim, devemos considerar que além do nosso equilíbrio emocional, que pode se basear na conformação de que tudo podemos quando nos disciplinamos, devemos considerar que os tratamentos para conseguirmos o que pretendemos devem se ater aos seguintes fatos:

1. O merecimento sexual do proponente que pratica exercícios, observa e usa os pontos de acupuntura. Para isso respeita limites e características da aplicação sexual.
2. Procurar observar os seguintes itens:
a) Técnica para se conhecer (auto-análise);
b) Técnica para conhecer o (a) parceiro (a);

c) Técnica para estimular a potência;

d) Olhar para um lugar em comum, ou seja, os dois querem alguma coisa em comum;

e) Tratar a frigidez;

f) Técnica para se controlar o cansaço físico e mental;

g) Técnica para controlar a ejaculação precoce;

h) Limitações;

i) Técnica de ajuda.

Somando-se todos os fatores de equilíbrio citados, vamos conseguir.

a) Técnica para se conhecer (auto-análise)

A análise vem com a seguinte técnica:

"Você se conhece melhor quanto mais pratica."

Tente o seguinte teste:

Deixe um papel e caneta no seu banheiro. Tome um rápido banho e saia correndo passando em frente ao espelho. Anote as 5 (cinco) primeiras impressões que terá de si mesmo.

b) Técnica para conhecer o (a) parceiro (a)

Tente o mesmo pedindo que o seu parceiro o faça também. Junte os dois e terão um resultado.

c) Pontos para estimular a potência

Você pode usar:

- Agulhas de acupuntura;
- Moxa (não no rosto, sobre os seios ou órgãos genitais);

- Acupuntura eletrônica ou
- *Shiatsu* (pressão com os dedos).

E36; BP7; VG26; R1; GI4; MC4; Ponto da língua; Intran.

Pontos próximos dos genitais (pressionar com o dedo indicador e com o polegar), ponto médio entre o ânus e órgão genital feminino ou masculino, e face interna das nádegas. Manipular e chupar os dedos maiores dos pés (hálux).

Fazer sexo antes do banho, *pois os feromônios dos parceiros* não se dissiparam e não há o perigo de uma vaso dilatação excessiva com o banho quente.

A masturbação deve ser sempre precedida de massagem no BP7, e nunca se a considerará nociva, pois esse ato *solo* traz intimidade perdida de volta e alteia os *voos ejaculatórios* para o (a) parceiro (a), que desliza em um sonho erótico reparador para que hoje ou amanhã venha a te amar mais, porque você se encontrou.

Com essas técnicas sentem-se prazeres sexuais até com coisas inéditas: um bonito automóvel, uma comida agradável, uma música notável ou o estridente latido de um cão, porque controla-se a Dualidade (bem ou mal).

E porque não falarmos do *Amor,* que dá paz aos homens, acalma os tormentos e é o *carro-chefe.*

d) Olhar para um lugar em comum, ou seja, os dois querem alguma coisa em comum

É evidente que, se os parceiros que desejam se encontrar tiverem um mesmo prazer pelas situações, conseguirão que esse *meridiano* lhes traga uma conjunção.

e) Tratar a frigidez

Ela não existe. Se a combinação mental assumir o seu papel e usarmos as técnicas, teremos una *solução notória.*

Existe um ponto chamado *tchi* que é o *botão principal*, é o GI4. Como na analgesia por acupuntura, deve-se estimulá-lo até que o (a) parceiro (a) note um calor no local, que se estende por todo o braço. Sente-se também dor no local e às vezes um torpor. Pode-se usar *agulhas ou shiatsu*. Na sequência pode-se usar a massagem na região interna das coxas, abaixo e acima do órgão sexual.

Há uma sequência pertinente a essa técnica que é: BP7; E36; VG26; E42.

Nestes pontos BP7, E42 e E36 pode-se usar moxa.

f) Técnica para se controlar o cansaço físico e mental

A primeira pergunta que se faz é: quantos tempos possui um jogo de futebol? Dois.

Como pode um ser humano se dedicar a um campeonato suprimindo o fator antiestressante, ou seja, o recreio?

Se todos se dedicassem a repousar 20 minutos após o almoço, ter-se-ia um *auxílio* para conseguirmos aquilo que queremos. Pois o meridiano mestre do coração estará pulsando quando você se levantar e atenuará via retro seu aparelho físico e mental.

Se não podemos dormir 20 minutos dessa maneira, devemos ter em conta que um descanso de meia hora por dia após o turno normal de sono fará com que a pessoa melhore seu equilíbrio.

É lógico que se poderão usar os pontos VC17, E 36 e GI4, que muito ajudarão.

g) Técnica para controlar a ejaculação precoce

Se possível ao casal, ter uma relação antes da principal, isso dissipa dúvidas. Se não for possível, usar os pontos: ponto médio entre o pênis e o ânus; *Shen Men*; El; E2; E3; SNV; pontos do útero; BP7; PT acima do mamilo ou dos testículos meia hora antes da relação.

Deve-se pressionar os pontos e manipulá-los enquanto a (o) paciente estiver expelindo o ar dos pulmões.

É sempre importante saber se o (a) cliente consegue resposta ao *tchi* no GI4 antes de iniciar qualquer tratamento.

h) Limitações e cuidados

- Evitar fazer sexo, no caso de impotência, após banho quente, pois há um relaxamento muito grande;
- Evitar o tratamento se os pacientes estiverem alcoolizados;
- Não fazer sexo durante grandes tempestades;
- Deve-se tomar cuidado ao fazer o tratamento para pacientes com câncer, patologias do fígado, coração, embora pesquisas recentes mostrem que os cardíacos melhoram com vida sexual normal e efetiva, com bastante amor, pois aqui é preferível uma relação estável;
- Nos casos de síndrome de pânico, deve-se esperar o melhor momento para se atuar, pois na crise não se conseguirá bom resultado.

Deve-se evitar fazer o tratamento para as pessoas com fome ou que acabaram de comer.

Tomar cuidado para não fazer sexo próximo a locais sagrados, pois a energia é diferente. Também há que se tomar cuidado em locais com temperaturas muito frias ou quentes, bem como na presença de ressaca (próximo à praia).

i) Técnica de ajuda

Aqui juntamos todas as técnicas anteriores visando convergir unicamente no sentido de acalmar o paciente, pois ele já está motivado para se sentir rejeitado, e quando nenhum tratamento fez efeito, usa-se a seguinte técnica:

Aplica-se moxa nos pontos: vasos maravilhosos, INN-TSIAO-MO, Pontos médios, (6R-7P), C56, F4, F8, VC3, R2, R3, R7, Rll, V10, V11, V31, BP6, BP7, BP8, BP9, E29, E30, E40, GI1, GI2, GI4, GI5, de ambos os lados.

A seguir, *Shen Men*; SNV, Pt-útero, ou testículos com agulhas semipermanentes.

Depois *apongs* nos pontos da mão e da coluna lombar, do coração, fígado e rins.

Após toda essa sequência massagear a parte interna das coxas, ponto *1 tsun* acima dos *mamilos*, e *entre o órgão sexual* e *o ânus*. Deve-se lembrar sempre aos nossos clientes que a masturbação não traz nada *prejudicial*; só pode ajudar, principalmente na ejaculação precoce.

16

Diagnóstico e plano de tratamento

Sabe-se desde a antiguidade da importância de um bom diagnóstico para um plano de tratamento eficiente:

a) Ficha clínica – Identificação do paciente.

b) Doenças de Infância – por exemplo: um sarampo infantil mal tratado pode se tornar um futuro Herpes-Zoster. Uma mãe com Diabetes pode transformar esta patologia em tendência para a filha.

Devemos procurar conseguir o maior número possível de pontos. Assim, temos:

I – Tipos Físicos:

a) Brevilíneos – tratamos aqui os meridianos do Rim e da Bexiga.

b) Longilíneos – tratamos aqui o meridiano do Pulmão.

c) Normolíneos – tratamos os meridianos do Coração e do Estômago.

Suponhamos que o paciente seja longilíneo, temos que tratar o meridiano do Pulmão. Como saber o ponto a ser usado? Medimos o pulso radial do paciente e damos uma nota de um a dez. A seguir, marcamos em um papel as notas de 10% nos pontos do meridiano. Se o ponto estiver fraco, damos uma "nota baixa", que será menor do que cinco; então o ponto estará em insuficiência. Se for acima de cinco, estará forte – em excesso. Verificamos então se o meridiano está com mais pontos em insuficiência ou excesso. Daí, vamos tonificá-lo no primeiro caso (Insuficiência) ou, no segundo caso, sedá-lo. Temos aqui mais um ponto para o plano de tratamento. Esta técnica nos permite regular todos os meridianos. Conseguimos aqui mais um ou dois pontos.

II – Em relação aos cinco elementos – Wu Shi:

Perguntar para o cliente quais emoções mais o afetam:

Elementos	Órgãos	Emoções	Sedar	Tonificar
Madeira	Fígado	Ódio	F2	VB43
Fogo	Coração	Felicidade	C7	ID3
Terra	Pâncreas	Pensamento	BP5	E41
Metal	Pulmão	Obsessão	P5	GI11
Água	Rim	Horror	R1	B67

Temos aqui mais dois pontos a serem usados no tratamento.

III – Descrição do excesso ou falta de energia.

Vamos aqui anotar os pontos a serem usados no diagnóstico, quer sejam de tonificação ou sedação. Segundo a tabela na página 45, temos: Por exemplo, no item 5 – Pulmão em excesso – vamos então sedar: usamos para isso o P5. No caso do Pulmão com falta de energia, vamos tonificar usando o P9.

Segue a tabela dos pontos a serem usados, exceto do 1 a 4, que têm características próprias.

1 – Excesso Global do Yin – TR8, B39 e R6 de ambos os lados.
2 – Falta de Energia Global do Yin – B67 de ambos os lados.
3 – Excesso Global do Yang – CS5, BP6, B62 de ambos os lados.
4 – Falta de Energia Global do Yang – GI11 de ambos os lados.
5 – Pulmão em excesso – P5.
6 – Pulmão com falta de energia – P9.
7 – Circulação e Sexualidade (MC) em excesso – CS7.
8 – Circulação e Sexualidade (MC) com falta de energia – CS9.
9 – Coração em excesso – C7
10 – Coração com falta de energia – C9.
11 – Fígado em excesso – F2.
12 – Fígado com falta de energia – F8.
13 – Baço Pâncreas em excesso – BP5.

14 – Baço Pâncreas com falta de energia – BP2.
15 – Rim em excesso – R1.
16 – Rim com falta de energia – R7.
17 – Intestino Grosso em excesso – GI2.
18 – Intestino Grosso com falta de energia – GI11.
19 – Intestino Delgado em Excesso – IG ou ID8.
20 – Intestino Delgado com falta de energia – IG ou ID3.
21 – Triplo Aquecedor em excesso – TR10.
22 – Triplo Aquecedor com falta de energia – TR3.
23 – Bexiga em excesso – B65.
24 – Bexiga com falta de energia – B67.
25 – Vesícula Biliar em excesso – VB38.
26 – Vesícula Biliar com falta de energia – VB43.
27 – Estômago em excesso – E45.
28 – Estômago com falta de energia – E41.

Nesta tabela, o cliente deverá escolher do número 4 ao 28, no máximo dois itens.

IV – Técnica Sucessória.

Escolher 10 pontos em vários livros referentes a uma determinada patologia. Separar os dois mais repetidos, que serão usados no final da técnica. Dos outros oito separaremos quatro, para serem também usados seguindo o mesmo critério. Exemplo: Cefaleia – GI4, GI10, GI11, VC4, TR23, VB1, B2, E1, C7 e VG20. Escolhemos os dois mais repetidos, GI4 – VG20 (Ficam no final da lista), depois os outros 4 – B2, C7, TR23, VB1. Temos então seis pontos para o plano de tratamento: GI10, VC4, TR23, VB1, GI4, VG20. Vão sobrar quatro – GI11, VC4, B2, E1 –, montamos o seguinte esquema – B2, C7, TR23, VB1, GI4, VG20. Temos então seis pontos para o plano de tratamento.

Paralisia Facial

Devemos usar para tratamento sempre o lado oposto da lesão. Vamos aqui citar o caso de uma cliente R. T., 20 anos de idade, caso resolvido com três semanas de tratamento sem eletroacupuntura. Pontos que foram usados: VC24, B2, E3, E4, E5, E6, E36 e E41, TR17, 21 e 23, VB1, 34, BP4, VG25, CS6, na Aurícula, Shen Men da Orelha, Nervo Simpático, Rim, Boca, Córtex Occipital.

Para o cliente S. T. foi usado aparelho elétrico da Cosmotron nos pontos VB41 e B62 (do lado oposto da lesão). Pontos usados: GI4, 11, E2, 3, 4, 5, 36, TR23, VC24, VG26, B1 e 2, IG10 — neste ponto faz-se uma penetração da agulha no sentido de sedação do meridiano, F3, P7 e TR5. Pontos auriculares:

Boca, Shen Men, SNV, Córtex Occipital. Esse caso foi resolvido em uma semana de tratamento.

Nevralgia do Trigêmeo

Devemos procurar usar sempre o lado oposto ao da lesão. Pontos utilizados: VB1, VB2, VB3, VB20, VC24, VG20, VG14, TR5, TR22, TR23, E2, E3, E6, E36, E44, B1, B2, B3, B62 e Auriculares, Shen Men, Fígado, Rim e pontos relativos à zona dolorida.

Fórmulas de Bolo

Cada paciente tem as suas características físicas e psíquicas bem individualizadas. Assim, devemos procurar os pontos exatos a serem usados para os pacientes, como, por exemplo, na Taquicardia, usamos o C5, C7, R3, CS7, BP4, B11, e Pontos Auriculares, Ponto do Coração, Shen Men, Ponto do Fígado, Pontos Ansiedade 1 e 2, sendo que, na região de união da cartilagem da aurícula com a base do crânio, devemos fazer uma sangria, o que fará baixar a pressão arterial, tanto a mínima quanto a máxima.

Encartes

"Na nossa cultura, o comportamento sexual sofre mudanças acentuadas, mais por parte do comportamento feminino do que do masculino.

Vemos que as mulheres de hoje se comportam e se expressam de forma mais desenvolta no que diz respeito ao sexo do que suas mães e avós.

Por outro lado, esse modo de ser mais agressivo parece assustar os homens, que gostariam que suas mulheres fossem mais dóceis e não tivessem experiências com as quais pudessem testar sua masculinidade.

O ideal seria que os homens pudessem entender e respeitar as necessidades femininas e, igualmente, as mulheres em relação aos homens, criando-se uma atmosfera de confiança e aceitação mútua que enriqueceria os relacionamentos." (M.T.L.)

"O comportamento sexual brasileiro sofreu significativa modificação, predominantemente feminina. Hoje é possível observar que as mulheres conversam abertamente e sem preconceito sobre sexo. No trabalho, demonstram segurança e iniciativa para abordar um colega e em casa trocam com seus parceiros ideias e vontades.

Diferentemente, nos homens, as modificações não aconteceram. Suas atitudes, junto aos amigos continuam preconceituosas e ditadoras, absurda colocação profissional para provocar um programa, relegam a esposa à condição de mãe e de dona de casa, a qual, provavelmente, não deveria ter desejos ou fantasias. A forma com que as mulheres têm se exposto beira o perigoso. Nos homens aparece a incapacidade e medo de aceitar que as mulheres demonstrem e sintam vontades. Espero que o equilíbrio seja encontrado, que o masculino seja sensível o suficiente para compreender e respeitar. No feminino, o suficiente para se afirmar e mostrar, não atinando o pieguismo e a vulgaridade, respectivamente." (M.C.)

Medicina Ocidental *vs* Medicina Tradicional Chinesa

"Certa vez, acompanhei a explicação de um médico que refutava o termo 'Medicina Alternativa' empregado para a medicina homeopática, quando contraposta à alopática. Justificava sua posição alegando que a medicina homeopática, por ser mais antiga, deveria ser reconhecida como a 'Medicina Tradicional', e a alopática deveria ser a 'Medicina Alternativa'.

Diante desta óptica, com a qual simpatizo, volto meu raciocínio à Medicina Tradicional Chinesa, que utiliza, mesmo que empiricamente, a acupuntura como instrumento médico profilático, sem com isto negar-lhe sua capacidade terapêutica.

Aceita, reconhecida e utilizada cada vez mais por médicos acadêmicos, a acupuntura auxilia, das mais variadas formas e intensidades, pessoas sãs que buscam manutenção da sua qualidade de vida e outras com problemas crônicos, que se beneficiam da técnica obtendo a cura ou amenizando suas dores, livrando-se dos efeitos colaterais que os medicamentos, muitas vezes, podem causar.

Não é mistério para ninguém o fato de a Acupuntura aplicar agulhas na superfície da pele para a realização dos tratamentos de saúde. A terapia se apoia no conceito de que existem numerosos pontos reflexos pelo corpo, que correspondem a todos os órgãos, partes e funções do nosso organismo.

Trabalhos científicos demonstram que a acupuntura é um eficiente tratamento da dor. A estimulação nervosa provocada pelas agulhas libera oxitocina e opioides endógenos, essenciais para induzir alterações funcionais de diversos órgãos, e a beta-endorfina, que atua no controle da dor e da pressão sanguínea.

Há especulações de que os piratas procuravam os acupunturistas na China para escolher melhor alguns pontos dos furos dos brincos, para então conseguirem enxergar melhor e atacar com mais precisão os inimigos.

Há diferença entre a acupuntura praticada na China da praticada no resto do mundo?

Tradicionalmente, os chineses têm uma visão holística do ser humano, vendo a pessoa como um todo. Já a medicina ocidental se preocupa com o diagnóstico e o trata sem se preocupar com as causas. É claro que esta é uma visão generalista, mas não tão equivocada.

A acupuntura 'ocidental' trata os sintomas; a chinesa, seguindo os pontos dos canais de energia, inicia o diagnóstico pela observação do pulso, da língua e dos aspectos gerais do paciente.

Num futuro próximo, a medicinal ocidental, que aceitou e agora reconhece os valores da acupuntura, deve se aproximar do método de utilização chinês. Para que os pacientes possam usufruir de forma mais ampla e benéfica desta técnica milenar." (M.C.)

Acupuntura *vs* Física

"A Acupuntura destaca-se das demais áreas do conhecimento médico por ser uma das mais antigas e ao mesmo tempo uma das mais modernas. Na China, foram encontradas pedras afiadas, chamadas de 'Bian Shi', que sugerem que a prática existe desde o período Neolítico[1]. Ao mesmo tempo, a Acupuntura alavanca-se na tecnologia moderna em diversas oportunidades, como na utilização de 'canetas' eletrônicas que conseguem indicar por meio de um 'led' a localização exata dos pontos para aplicação das agulhas. Estas canetas chamam-se Toposcópios.

O avanço da tecnologia tem demonstrado reiteradas vezes a eficácia dessa prática. Cientistas da Universidade Jiao Tong em Shanghai comprovaram, por exemplo, que a energia em baixa quantidade, quando usada nos meridianos, tem características eletromagnéticas e ainda se organizam como as partículas existentes em feixes de laser. Estas experiências têm ainda comprovado por meio de fotografias que esse processo gera 'jatos de luz' semelhantes aos detectados nos 'Buracos Negros'[2]. Tudo isso leva a crer que ainda existe muito espaço para pesquisa nesse campo, onde se acredita que a física dos Chacras esteja relacionada aos conceitos da física, que também explicam a existência dos 'Buracos Negros'.

Como a 'Teoria das Cordas' [2] da física tem avançado para um dia se tornar a chamada 'Teoria da Unificação' ou 'Teoria de Tudo', que irá conciliar os conceitos da 'Teoria da Relatividade' e os conceitos da 'Física Quântica' e assim descrever o equilíbrio que rege o universo, a matéria e todos os diferentes tipos de força existente, a Acupuntura e os Meridianos, que são 'os elos de ligação entre os pontos de Acupuntura' e se assemelham a 'cordas', podem um dia se tornar o elo de unificação das diferentes teorias médicas." (G. A. V. R.)

Fontes:
(1) Wikipedia – http://en.wikipedia.org/wiki/Acupuncture
(2) Global Oneness / Experience Festival – http://www.experiencefestival.com/wp/article/chakras-
    -galaxies-and-black-holes
(2) Wikipedia – http://pt.wikipedia.org/wiki/Teoria_das_cordas

Summary

Natural Medicine Acupuncturea Techinique Against Pain

This title gives us a view of the work done for professionals and their patients. A technique has been developed aiming at carrying out treatment and eliminating pain through the application of needles on acupuncture points in the ears, E. G., *Shen Men*, S.N.V. points, points of dental anaesthesia, toothache point and general points such as the large intestine 4, stomach 2 and stomach 36. This work gives an orientation about the acupuncture anaesthesia action mechanism in the "gate technique theory". It shows the advantages for cardiac patients and also shows that hemostasy and cicatrization are better achieved, besides which the blood pressure practically does not modify. However, as a disadvantage, the patient must be psycologically well prepared.

Knowledge of Edward's Bach Florals is very important.

Bibliografia

BORSARELLO, J.: *El masaje en la medicina china* (texto espanhol). Francia: Maisonneuve, 1973.

BRESSET, Michel. *Analgesia por acupuntura em odonto-estomatologia operatória e cirúrgica*. Andrei Editora, 1982.

CARBALHO, Floreal. *Acupuntura china*. Buenos Aires: Ed. Kier, 1971.

CHAMFRAULT, A. *Traité de médecine chinoise* (5 tomos): t. I: *Acupunture, moxas, massages, saignées*, 1954; t. II: *Les livres sacrés de médecine chinoise* (el "So Ouenn" y el "Nei King"), 1957; t. III: *Pharmacopée*, 1959; t. IV: *Formules magistrales*, 1961; t. V: *De l'astronomie a la médecine chinoise. Le ciel – La terre – L'homme*. Angoulême: Ed. Coquemard, 1963.

COUDET. *Acupuntura practica en odonto-estematologia*. Buenos Aires: Ed. Médica Panamericana, 1978.

FRANÇA, Claudete. *Seminário de reiki: manual oficial do reiki*. Associação Brasileira de Reiki, 1989.

HAUG. *Annales du premier symposium International d'auriculothérapie et d'auriculo medicine*, Lyon, France, mai 1994.

HYUN SU SIM, Prof. Ricardo. *Manual de quiro-acupuntura, Koryo Sooji*. Ed. Jornal do Cambuci & Aclimação, 1998.

KENDALL, Florence Peterson, McCREARY, Elizabeth Kendall. *Músculos, provas e funções*. Ed. Manole, 1986.

NGUYEN VAN NGHI. *Pathogénie et pathologie enérgetique en médecine chinoise*. Marseille, Francia, 1971.

NIBOYET, J. E. H. *L'anesthesie par l'acuponcture*. Edition Maisonneuve, 1973.

NOGIER, P.M.F. *Noções práticas de auriculoterapla*. Editora Andrei, 1998.

NOGIER, Raphaël. *As alergias ocultas nas doenças da mama*. Editora Andrei, 1987.

NOGIER, Raphaël. *Introdução prática à auriculomedicina – A fotopercepção cutânea*. Editora Andrei, 1995.

NOGIER, Raphaël; BOUCINHA, Jorge Cavalcanti. *Prática fácil de auriculoterapia e auriculomedicina*. Editora Ícone, 1997.

SOULIE DE MORANT, George. *Précis de la vrai acuponcture chinoise*, Paris: Mercure de France, 1934.

SUSSMAN, David J. *Acupuntura – teoria y practica*. Editorial Medica Panamericana, 1978.

– L'acuponcture chinoise: (2 tomos), Paris: Mercure de France, 1934.

– L'acuponcture chinoise: (1 gran tomo y láminas sueltas), Paris: Lafitte, 1957.

ANEXO

Trabalho apresentado pelo Dr. Darwin no Congresso de Auriculomedicina em Lyon, em Maio de 2000

Feromônios, V.A.S., Fotopercepção Cutânea e Equilíbrio Sexual na Analgesia por Acupuntura Auricular

Darwin Caldeira Ribeiro – Diretor da Associação Brasileira de Acupuntura
R. Teodoro Sampaio, 1441 conjunto 11/12

Observamos que após 20 anos de trabalho com analgesia, torna-se cada vez mais necessário procurarmos novas técnicas que nos tragam a possibilidade de atendermos bem a todos os casos. Nota-se que, em muitas situações, o paciente nos procura por não ter obtido, através de outros métodos, esta analgesia e, após o uso das técnicas apresentadas no Congresso de Lyon em 1994, passamos a trabalhar com uma técnica mais abrangente.

Os feromônios devem ser observados como substâncias químicas, em forma de aerosóis, excretados por seres vivos com a finalidade de provocar modificações importantes no sexo oposto. Consegue-se detectá-los por aparelhos elétricos ou pela reação que provocam no outro sexo.

Há uma relação entre os feromônios, os pontos de acupuntura e os pacientes com desequilíbrio energético. Podemos fazer, então, o tratamento acupuntural desses desequilíbrios tratando, por exemplo, o ponto auricular do nariz com agulha semipermanente da Sédatalec. Este ponto está ligado, feromonicamente, ao elemento madeira e ponto do fígado, que são ligados entre si no *Wu-Shin* e à raiva nos florais de Bach (*Cherry Plum*). Isto é percebido pela fotopercepção cutânea da zona A com frequência parasita, que deverá ser tratada com o laser de 904 nanômetros.

O V.A.S., *Vascular Autonomic Signal*, termo usado por Dr. Paul Nogier nos mostra, segundo Dr. Raphaël Nogier, que a pulsação da luz branca de 75 Watts sobre a pelugem do coelho provoca um aumento da glicemia, bem como altera a produção de neurotransmissores químicos como adrenalina e acetilcolina. Assim, também, observamos que alguns pacientes que apresentavam baixa presença de feromônios e desequilíbrio sexual, tinham o seu V.A.S. levemente alterado. Apresentavam uma melhora desses índices, aumento laboratorial de testosterona ou estrogênio e diminuição de prolactina com o uso do ponto da cicatriz hepática ou quando usado nas regiões A e D; conforme Nogier, utilizando aparelhos de laser específicos para esta frequência, sendo que os melhores são os da Sédatalec. Com o Agiscop-DT, pudemos localizar com precisão tanto os pontos auriculares como o ponto total, occipital e um ponto chamado anestésico, e também os relativos aos desequilíbrios citados, podendo tratá-los com o próprio aparelho ou com agulhas semipermanentes da Sédatalec. Os dados estatísticos apresentaram resultados favoráveis após o tratamento com o aparelho de laser acima citado.

Observamos que em alguns casos de desequilíbrio sexual havia o ponto de Darwin, que segundo Dr. Paul Nogier, cuida da ação sensitiva, desequilibrada e da intolerância alimentar ao leite. Usamos com muito sucesso o ponto da agressividade ou sexualidade, segundo Dr. Raphaël Nogier, para uma recuperação da auto-estima, ou seja, quando o indivíduo está em descrédito pessoal e renova a autoconfiança sexual. Temos algumas considerações sobre equilíbrio sexual progressivo:

Não podemos nos esquecer que:

"O prazer sexual traz a cultura à tona, e ela é o resumo dos bens espirituais somados à negligência do corpo."

O indivíduo modernamente intelectualizado acha que domina o próprio corpo e pode resgatar sua *"performance* sexual" a qualquer hora. Nesse contexto ele se esquece que deve se preparar assim:

1. Saber do merecimento sexual do proponente que pratica exercícios, observa e usa os pontos de acupuntura.

Para isso, respeita limites e características da aplicação sexual.

2. Procurar observar os seguintes itens:

a) Técnica para se conhecer melhor – auto-análise – pt. de Darwin, segundo Paul Nogier, sensibilidade;

b) Técnica para conhecer o (a) parceiro (a) – *Shen Men;*

c) Técnica para estimular a potência pt. da agressividade de Nogier, *Shen Men,* ponto da língua, útero-próstata;

d) Olhar para um lugar em comum, ou seja, os dois querem alguma coisa em comum - pt. útero-próstata;

e) Tratar a frigidez – pt. língua, pt. útero, hormonal, *Shen Men*, S.N.V., útero-próstata;

f)Técnica para se controlar o cansaço físico e mental – controlar com pt. *Shen Men*, S.N.V., pt. cicatriz hepática;

g) Técnica para controlar a ejaculação precoce – pt. *Shen Men*;

h) Limitações – não fazer sexo durante as tempestades;

i) Técnica de ajuda – pt. extra de ajuda sexual.

Nossas experiências mostram dados bastante animadores, com pacientes que usaram estes novos mecanismos.

Apresentamos, assim, uma breve estatística:

1) Pacientes que tomaram Xilocaína 2%. Em número de dez, resultados médios:

Tempo de aplicação	**1 hora**	**2 horas**	**3 horas**	**4 horas**
Resultados	Bom	Estável	Nulo	Sequelas (arritmias e alergias)

Conclusão: Pacientes pouco sensíveis à Xilocaína e com sequelas.

2) Pacientes que chegam à clínica e querem tomar uma analgesia por acupuntura não tendo sido feito o equilíbrio energético. Em número de dez, resultados médios:

Tempo de aplicação	1 hora	2 horas	3 horas	4 horas
Frequência	30-60 Hz	40-80 Hz	40-90 Hz	40-100 Hz
Resultados	Fraco	Médio	Médio	Nulo

Conclusão: Analgesia inicia-se fraca e termina sem valor científico.

3) Pacientes preparados durante 3 meses com feromônios, V.A.S., fotopercepção cutânea e equilíbrio sexual. Em número de dez, resultado médio.

Tempo de aplicação	1 hora	2 horas	3 horas	4 horas
Frequência	30-60 Hz	40-80 Hz	40-90 Hz	40-100 Hz
Resultados	Bom	Ótimo	Ótimo	Estável

Conclusão: As novas técnicas mostram-se altamente eficientes do ponto de vista científico, agindo por tempo mais prolongado.

Nossas estatísticas mostram que os pacientes tratados com Xilocaína 2% tiveram sequelas e aqueles tratados com estas novas técnicas tiveram aproveitamento melhor da analgesia por acupuntura.

Resumo: A analgesia por acupuntura tem sido utilizada com bons e eficientes resultados, através dos pontos auriculares correspondentes aos feromônios, do V.A.S., da fotopercepção cutânea e do equilíbrio sexual. Estes resultados evidenciam a necessidade de um aprimoramento técnico utilizando, além de agulhas, os aparelhos de laser da Sédatalec. Nossos testes foram realizados com base nas experiências do Dr. Raphaël Nogier e Dr. Paul Nogier.

Bibliografia

NOGIER, Raphaël. *Introdução pratica à auriculomedicina: a fotopercepção cutânea*. Editora Andrei, 1995.

NOGIER, Raphaël, BOUCINHA, Jorge Cavalcanti. *Prática fácil de auriculoterapia e auriculomedicina*. Editora Ícone, 1997.

RIBEIRO, D.C. *Nova acupuntura*. São Paulo: Edição independente, 1998.

——. *Acupuntura odontológica: uma solução para o dentista e o paciente*. São Paulo: Edição independente, 1996.

MORANT, George Soulie de. *Précis de la vrai acuponcture chinoise*. Paris: Mercure de France, 1934.

SUSSMAN, David J. *Acupuntura – teoria y practica*. Editorial Médica Panamericana, 1978.

——. *L'Acuponcture chinoise* (2 tomos). Paris: Mercure de France, 1934.

——. *L'Acuponcture chinoise* (1 gran tomo y láminas sueltas). Paris: Lafitte, 1957.

Cursos

Os interessados em cursos de Acupuntura
entrar em contato pelos telefones
(11) 3085-0376 e (11) 3062-7626.

Conheça mais publicações da Ícone Editora:

ACUPUNTURA FÁCIL DE ENTENDER
Jorge Jodi Murata

ISBN 978-85-274-1127-1
17 × 24 cm
72 páginas

• Hereditariedade – podemos nascer com problemas, ou ainda o desenvolvimento das doenças privilegiam os locais onde hereditariamente somos mais frágeis.
• Alimentação – toda nossa energia para nos defender das doenças depende do alimento que ingerimos.
• As emoções – os nossos órgãos, através dos alimentos, produzem sangue e energia e nos mantêm saudáveis, quem prejudica o seu funcionamento são os problemas emocionais. Para o tratamento, usamos os pontos para estimular o funcionamento dos órgãos e pontos para acalmar a mente.

INTRODUÇÃO À ACUPUNTURA – 2ª EDIÇÃO
Hiderato Mori

ISBN 978-85-274-0282-8
18 × 26,5 cm
168 páginas

O Dr. Hiderato Mori, vice-presidente da Associação de Acupuntura e Moxabustão do Japão, é um dos mais conhecidos e internacionalmente admirados especialistas nesta arte, milenar, de eliminar o sofrimento, a dor e as afecções do ser humano. Neste livro, Mori oferece quase cinquenta anos de pesquisa e experiência clínica, condensando, em 80 pontos principais de acupuntura, as informações fundamentais ao atendimento das necessidades diárias do consultório e à formação básica do aprendiz; as técnicas de inserção; a escolha da prática mais eficaz, caso a caso, na obtenção dos melhores resultados terapêuticos.

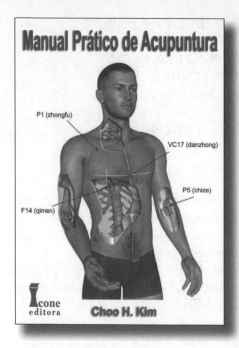

MANUAL PRÁTICO DE ACUPUNTURA
Choo H. Kim

ISBN 978-85-274-1195-0
10 × 14 cm – Em cores
200 páginas

Para ser um bom acupunturista, deve-se conhecer bem as funções de cada ponto de acupuntura, e também suas localizações. Na prática clínica, muitas vezes necessitamos de um pequeno e simples manual, somente para relembrar os pontos que desejamos utilizar. Isto porque, na grande maioria das vezes, o acupunturista já conhece as funções dos pontos, mas tem dúvidas quanto a sua localização ou vice-versa. Este Manual foi elaborado para auxiliar os acupunturistas, desde os iniciantes até os experientes. Todos os 361 pontos de 14 meridianos foram sinalizados com a maior precisão possível no modelo de anatomia humana em 3D. E também foram colocadas as principais funções de cada ponto.

DIAPSOTERAPIA
Lúcio Bonzatto

ISBN 978-85-274-1086-1
17 × 24 cm – Em cores
144 páginas

A biologia das Esferas
A matéria rústica, membrana em tensão permanente, positivo-negativo, gravidade e impulso elétrico. Num espaço restrito, concentrado, essas forças buscam a expansão. Atraídos todos para um mesmo centro, tais energias centrífugas aparecem sobre o movimento concêntrico. Big Bang foi o nome que a nossa compreensão pôde abarcar. Evento cuja magnitude ainda testemunhamos: nosso universo expande para num futuro incalculável retrair-se, respiração de Deus.

Conheça mais em: www.iconeeditora.com.br